1日1分!
TOEIC® L&R テスト
炎の千本ノック!
とことん文法
徹底攻略

中村澄子

岩崎清華
［編集協力］

*L&R means Listening and Reading.
TOEIC is a registered trademark of ETS.
This publication is not endorsed or approved by ETS.

祥伝社

まえがき

　こんにちは。中村澄子です。

　TOEIC 対策『千本ノック！』シリーズは、タイトルや判型を変えながら、2005 年からほぼ毎年出版しています。

　直近のパート 5 の出題ポイントを反映した問題をまとめたもの、語彙問題に特化したもの、英単語本など、内容は多岐にわたります。おかげさまで累計 100 万部を超えて、たくさんの人にご愛読いただいております。ありがとうございます。

　本書は、21 年 6 月末に刊行した『文法徹底攻略』の第 2 弾です。計 96 の文法項目を扱っていて、序盤では簡単な文法を説明し、後半に進むにつれて扱う文法の難易度を少しずつ上げています。問題となる英文は『1 日 1 分！ TOEIC® L ＆ R テスト　炎の千本ノック！パート 5 徹底攻略』（21 年 5 月末刊）の中から、55 題を厳選しました。

　問題英文 1 題につき、まず初めに文法の解析を行っています。ここで文の構造を細かく理解します。この解析が非常に丁寧でわかりやすいと、1 作目では大変な好評をいただいておりました。

　そして次に、文中で使われている文法項目の解説へと進んでいきます。最後には、1 作目と同様に「スラッシュリーディング」を取り入れ、英文を頭から読んで理解できるよう"速読力"を鍛えられる構成になっています。

　つまり本書は、パート 5 の問題を扱った『炎の千本ノック！』とは異なり、どちらかと言うと参考書のような性質を持っています。

　現在の TOEIC テストは、パート 5 でさえ問題文をきちんと読め

なければ得点できない問題が多くなっています。パート6も同じ傾向です。そして、リーディングセクションの半分以上を占めるパート7では長文に太刀打ちできず、ここでの大幅な点数UPははかれません。また、パート7では問題文の文章量が増えており、それが標準となってきました。なので、まずは文法をきちっと理解して、読む力を身につけなければなりません。ただひたすらに問題集に取り組んだり、単語を理解しただけでは駄目なのです。

　少し遠回りのように感じるかもしれません。しかし、英文を読む力をつけるには、まずは文法を理解することが何よりも大切です。英文を精読して、文法項目を理解する。そして英文の頭からスラッシュを入れて読んでいけるようになる。そうすると、TOEICスコア500点から600点、または700点の壁をきっと越えられると思います。

　スコアが伸び悩んでいる人にこそ、ぜひ手に取っていただきたい1冊です。本書が皆さまのお役に立つことを願っております。

2024年1月

中村澄子

本 書 の 使 い 方

　2005年から刊行している『千本ノック！』（前シリーズを含む）は、TOEICで高得点を目指す皆様に長年愛用されているシリーズです。その一方で、問題1ページ、解説1ページというコンパクトな構成ゆえに、英語初学者の方にとっては難しくハードルが高い一冊にもなっていました。従来の『千本ノック！』シリーズへ挑む前の橋渡しとして2021年に刊行したのが「文法徹底攻略」シリーズです。本書はその第2弾となります。

　従来の『千本ノック！』にはない、本書ならではの特色として、《ヒント！》《構文解析》《FOCUS》《スラッシュリーディング》の4項目が挙げられます。

《ヒント！》

　問題文にスラッシュ（/）を入れて、意味のかたまりごとに区切っています。問題文を読んで意味がわからなかったら、このヒントを参照してください。長い主語や関係代名詞による修飾など、文をわかりにくくしている要素が浮かび上がり、答えを導きやすくなるはずです。

《構文解析》

　パート5の問題文は、「分詞の後置修飾」「接続詞thatの省略」「関係代名詞の修飾」などの要素が盛り込まれて、文の核となる「主語」と「動詞」がどれなのか、わかりにくいことが多々あります。本書では文の要素（＝S/V/O/Cのいずれか）を□で囲んだり、何が何を修飾しているのかを明らかにすることで、文構造をわかりやすくしています。特に「主節」にあたる箇所は赤字かつ太字にしてあります。

＊その他、［　］は従属節、（　）は修飾語句。また、主節の「S」に対して、従属節（＝サブ的な節）のSは「S'」にして区別しています。

《FOCUS》

　本書の《FOCUS》では、問題文から英文法のポイントを抽出し、かみ砕いて解説しています。《FOCUS》は全部で96項目あり、「品詞」と「文型」から順を追って中学・高校英文法をおさらいします。ただし、高校までの英文法を全て均等に網羅するのではなく、パート5で高得点を取るために不可欠な英文法という観点からフォーカスする項目を選んでいます。「なぜ中学1年生レベルの品詞と文型からやり直す必要があるのか？」と、不思議に思う方もいらっしゃるかもしれません。ですが、品詞と文型の十分な理解なくして、その先の英文法を理解することはできません。基礎に立ち戻ることで、一見難解に見えたパート5の文構造がクリアに見えてくるはずです。

《スラッシュリーディング》

　オリジナル解説の下に設けてあります。《ヒント！》とは異なり、意味のかたまりごとに英語と日本語を併記しています。《構文解析》と《FOCUS》を通して文構造を十分に理解した問題文を、おさらいとしてぜひ何度も音読してください。英文を頭からサクサクと処理していく感覚を養う、良いトレーニングになります。

　本書で基礎固めをしたら、ぜひ本家の『千本ノック！』シリーズに挑戦してみてください。パート5を攻略して、リーディングセクションでの高得点を目指しましょう！

この本に出てくる
英文法をまとめてみました

※ **1**、**2**、**3**……は本文の FOCUS の番号
1、**2**、**3**……は問題の番号

不定詞

その他の重要項目

Contents

編集協力 マーク・トフルマイア／ AtoZ English
ブックデザイン 井上篤(100mm design)

※本書の発音記号は、主に『ジーニアス英和辞典』(大修館書店)を参考にしています。

この本のページ構成

2021年に刊行した『1日1分! TOEIC® L&R テスト 炎の千本ノック! パート5徹底攻略』の何問目かを示しています。

第**22**問

次の選択肢の中から正しいものを選びなさい。

After (　) of the conference attendees had arrived, organizers asked everyone to go to the Rosewood banquet hall for the opening ceremony.

(パート5徹底攻略・第24問)

問題文の難しさを☆の数で説明しています。多いほど難しくなります。

(A) mostly
(B) most
(C) the most
(D) almost

標準的な日本語訳を示しています。

答え (B) most

難易度…★★☆☆☆

訳

会議の参加者の大半が到着した後、主催者は開会式をするので宴会場ローズウッドに移動するよう求めました。

構文解析

After most of the conference attendees had arrived, organizers asked everyone to go to the Rosewood banquet hall for the opening ceremony.

従属節
[After most (of the conference attendees) had arrived,]
接　S'　前＋名　V'(過去完了)

主節
organizers asked everyone to go (to the Rosewood banquet
S　V　O　C (不定詞)　前＋名

hall) (for the opening ceremony).
前＋名

　SVOC文型の文です。《ask＋O＋不定詞》で「Oに〜するようお願いする」という意味になります。接続詞 after が導く従属節の中は、SV文型です。V'のところが過去完了形になっています。
　第21問では「現在完了」を取り上げました。ここでは「過去完了」を取り上げます。

ヒント!

After (　) of the conference attendees had arrived, / org asked everyone / to go to the Rosewood banquet hall / opening ceremony.

単語の意味
attendee [əténdìː] …… 参加者
organizer [ɔ́ːrɡənàizər] …… 主催者、事務局

問題文の文法的な切れ目にスラッシュ(／)を入れています。答えを考える際のヒントにしてください。

問題文がどのような構造なのか、説明しています。難しそうな英文が実はシンプルな構造だったりします。

『1日1分！TOEIC® L&Rテスト 炎の千本ノック！パート5徹底攻略』に掲載している解説です。「構文解析」や「FOCUS」を読んでから読むと、ぐっとわかりやすくなっているはずです。

問題文から英文法のポイントを抽出、詳しく説明しています。全部で96項目あります。

過去完了形

FOCUS-42 ——[過去完了形

After most of the conference attendees **had arrived**
議の参加者の大半が到着した後）のところで使われて
had arrived に着目しましょう。

過去完了形は《had＋過去分詞》で表します。過去の
時点までの①完了・結果、②継続、③経験を表します。

過去に2つのことが起きた場合、より古いほうが過去
形になります。

問題文では「会議の参加者が到着した」と「主催者が
に移動するよう求めた」という2つの出来事が起きて
す。この2つのうち、先に起きたのは「会議の参加者が
した」のほうであるため、こちらが had arrived と過去
形になっています。

①完了・結果「（過去のある時点までに）〜してしまっていた」
　The ceremony **had** already **started** when we arrive
　（私たちが到着したとき、セレモニーはすでに始まっていた）

②継続「（過去のある時点までずっと）〜していた」
　Amy **had lived** in Taiwan for 18 years before sh
　moved to the U.S.
　（アメリカに移住する前にエイミーは18年間台湾に住んでいた）

③経験「（過去のある時点までに）〜したことがあった」
　I **had** never **experienced** an earthquake before I
　moved to Japan.
　（日本に移住する前まで、私は地震を経験したことがなかった）

なお、問題文の従属節のように、前後を表す接続詞が使わ
れているなどして出来事の起きた順序が明確な場合は、過去
完了形でなく過去形で表してもよいとされています。したが
って、問題文のケースでは、After most of the conference
attendees **arrived**, 〜となっていても OK です。

オリジナル解説

代名詞の問題です。

英文全体の意味を考えると、接続詞 After の後は「会議の参加者の大半が」という意味になるのではと推測できます。
after が導く節の主語は（　）of the conference attendees 部分で、動詞が had arrived です。

主語になるのは、名詞か名詞句です。空欄の後は〈前置詞＋名詞句〉と修飾語になっているのでこの部分をカッコにいれると、空欄には名詞か代名詞が入るとわかります。したがって、副詞である(A)mostly と(D)almost は間違いです。

(B)の most であれば代名詞としての用法があり、「ほとんど、大部分」という意味で使われます。most of the 〜の形で、「〜のほとんど」という意味になり、ここで使うことができます。(C)の the most は、形として存在しません。したがって、(B)の most が正解です。

most of 〜 は、この英文のように、後ろに the conference attendees といった特定の名詞が入るのに対し、most 単独で形容詞として用いられる場合は、most conference attendees「大半の会議の参加者」のように、不特定の名詞とともに使われるのが特徴です。the がないことに注意してください。

スラッシュリーディング

After most of the conference attendees had arrived, /
会議の参加者の大半が到着した後 /

organizers asked everyone /
主催者は皆に求めました /

to go to the Rosewood banquet hall / for the opening ceremony.
宴会場ローズウッドに移動するように / 開会式のため

学習のまとめに、何度も音読してみましょう。

全問題文が
スマホ・パソコンから
無料で聴けます

スマホの場合

1 お持ちのスマートフォンにアプリをダウンロードしてください。
ダウンロードは無料です。

QRコード読み取りアプリを起動し、
右のQR コードを読み取ってください。
QRコードが読み取れない方はブラウザから、
https://www.abceed.com/にアクセスしてください。

2 「中村澄子」で検索してください。

3 中村澄子先生の著作リストが出てきます。
その中に本書もありますので、音声をダウンロードしてください。
有料のコンテンツもあります。

パソコンの場合

1 下記サイトにアクセスしてください。
https://www.abceed.com/

2 表示されたページの下にある
「利用を開始する」をクリックしてください。

3 指示にしたがってプロフィールを登録してください。

4 「中村澄子」で検索してください。

5 中村澄子先生の著作リストが出てきます。
その中に本書もありますので、音声をダウンロードしてください。
有料のコンテンツもあります。

〈ご注意〉
・音声ファイルの無料ダウンロードサービスは、予告なく中止される場合がございますので、
　ご了承ください。
・本サービスへのお問い合わせは Abceed にお願いします。サイト内に「お問い合わせ
　フォーム」がございます。

第1問

次の選択肢の中から正しいものを選びなさい。

Today is the last day (　) the Black Friday sale on merchandise at our brick and mortar and online retailers.

（パート5徹底攻略・第57問）

(A) for

(B) by

(C) with

(D) in

ヒント！

Today is the last day / (　) the Black Friday sale / on merchandise / at our brick and mortar and online retailers.

単 語 の 意 味

merchandise [mɔ́:rtʃəndàɪz] ···· 商品、製品
brick and mortar ················ 電子取引を行っていない、従来型の
retailer [ríːtèɪlər] ····················· 小売業者、小売店

答え (A) for

訳

当店の実店舗およびオンラインショップの商品のブラック・フライデー・セールは本日が最終日となります。

構文解析

> Today is the last day for the Black Friday sale on merchandise at our brick and mortar and online retailers.

↓形容詞 last が名詞 day を修飾

Today │is│ the last day │ for the Black Friday sale
　S　　V　　C（名）　　　　前置詞＋名詞

on merchandise at our brick and mortar and online retailers.
前置詞＋名詞　　前置詞＋名詞
　　　　　↑《brick and mortar》と《online》が
　　　　　　形容詞として名詞 retailers を修飾

　SVC 文型の文です。S（主語）と C（補語）の場所には名詞が、V（動詞）には be 動詞である is がきています。

　最初に、英文の構造を理解するうえで重要な「品詞」と「文型」について学びます。

FOCUS-1 ──[　　　　　品 詞 と 文 型 　　　　　]

　英語の単語は、役割に応じて**名詞・代名詞・冠詞・動詞・形容詞・副詞・接続詞・前置詞**といった品詞に分類することができます。英文の構造を理解するうえで最も重要度が高い品詞は、「**名詞**」と「**動詞**」です。

　「名詞」は文の中で主語（Subject）、目的語（Object）、補語（Complement）のいずれかになり、動詞（Verb）は文の型（＝文型）を決定づけます。英語の文型は、基本的に次の5つに分類されます。

5つの文型
- S（主語）＋V（動詞）
- S（主語）＋V（動詞）＋C（補語）
- S（主語）＋V（動詞）＋O（目的語）
- S（主語）＋V（動詞）＋O（目的語）＋O（目的語）
- S（主語）＋V（動詞）＋O（目的語）＋C（補語）

＊S/V/O/C はそれぞれ、**S**ubject/**V**erb/**O**bject/**C**omplement の頭文字をとったもの。

　この中でわかりにくいのは、SVC 文型と SVOC 文型に出てくる C（補語）でしょう。「補語」は「補う語」という意味で、情報を付け足すものと考えてみてください。補う相手は SVC 文型のときは S（主語）で、SVOC 文型のときは O（目的語）です。

SVC文型

Amy│is│a manager. （エイミーはマネージャーです）

　S　　V　　　C
　　└────┘
　　　S＝C

＊主語である Amy についての情報を付け足しており、S（主語）＝C（補語）の関係性が成り立っている。

ＳＶＯＣ文型

I|call|her|Amy|. （私は彼女のことをエイミーと呼びます）
Ｓ Ｖ Ｏ Ｃ
　　　　Ｏ＝Ｃ

＊目的語である her についての情報を付け足しており、Ｏ（目的）＝Ｃ
（補語）の関係性が成り立っている。

　問題文の Today is the last day.（本日が最終日です）は
SVC 文型であり、Today ＝ the last day という関係性が成り
立っています。Today is the last day. の文で S（主語）と C
（補語）を結びつけている is は、be 動詞です。V の位置に be
動詞がくる場合、SVC 文型となります。SVC 文型では、C の
場所には「名詞」もしくは「形容詞」がくるのが基本です。

《例》

Sarah **is** a professor.

（サラは教授です）← SVC 文型で C には名詞 professor。

Sarah **is** intelligent.

（サラは知的です）← SVC 文型で C には形容詞 intelligent。

---

　be 動詞の原形は be で、主語にくる単語と時制によって、
am/are/is/was/were などに変化します。日本語の「〜です」
に相当します。

「主語」と「時制」に応じた be 動詞の変化

人称	主語	現在形	過去形
一人称	I（私は）	am	was
	we（私たちは）	are	were
二人称	you（あなた［あなたがた］は）	are	were
三人称	he（彼は）	is	was
	she（彼女は）		
	it（それは）		
	they（彼ら［彼女ら、それら］は）	are	were

　文型を決定づける品詞である「動詞」は、「**be 動詞**」と「**一般動詞**」に分けられます。一般動詞はさらに「**自動詞**」と「**他動詞**」に枝分かれします。TOEIC で特に重要なのは他動詞です。

TOEIC では他動詞の使い方がよく出題されます。

　一般動詞は be 動詞以外のすべての動詞で、主語にくる人やモノの「動作」や「状態」などを表します。

　主語が「三人称・単数・現在」（略して「三単現」と呼ばれる）のときは語尾に -(e)s をつけ、過去形のときは -(e)d をつけます。なかには see（現在）- saw（過去）- seen（過去分詞）のように不規則に変化する動詞もある点に注意しましょう。

　一般動詞は「自動詞」と「他動詞」に枝分かれしますが、その違いはうしろに目的語をとるかどうかです。

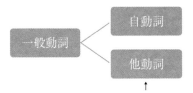

他動詞はうしろに目的語が続きます。

　他動詞については第 2 問で、自動詞については第 3 問で掘り下げて学びます。

前置詞の問題です。

選択肢には前置詞が並んでいるので、前置詞の問題だとわかります。

前置詞の問題の場合、少し長めに英文を読まなければならない問題もありますが、この問題は空欄前後の the last day (　) the Black Friday sale on merchandise 部分をチェックするだけで解けます。

「商品のブラック・フライデー・セールのための最終日」とすればいいとわかります。
「～のための、～を目的とした」という場合には、前置詞の for を使います。したがって、(A)の for が正解です。

前置詞の問題は、繰り返し出題されるものもありますが、さまざまな表現が出題されるため、問題集を使っての学習には限界があります。語彙問題と同様、日頃から英文を読んで語感を鍛えている人が有利です。

Today is the last day / for the Black Friday sale /
本日が最終日です / ブラック・フライデー・セールの /

on merchandise /
商品の /

at our brick and mortar and online retailers.
当店の実店舗およびオンラインショップにおいて

第2問

次の選択肢の中から正しいものを選びなさい。

This year's sales performance has been better than expected, (　) staff will receive a bonus as well as extra days of paid leave. （パート5徹底攻略・第138問）

(A) nor

(B) yet

(C) so

(D) provided

ヒント！

This year's sales performance / has been better than expected, / (　) / staff will receive a bonus / as well as extra days of paid leave.

単 語 の 意 味

sales performance……………営業実績、販売実績
expect [ɪkspékt]…………………〜を予想する、期待する
as well as 〜………………………(A as well as B の形で) B と同様に A も、B
　　　　　　　　　　　　　　のみならず A もまた
paid leave……………………………有給休暇

答え　(C) so

訳

今年の営業実績が予想以上に良かったので、従業員には追加の有給休暇とボーナスが与えられます。

構文解析

> This year's sales performance has been better than expected, so staff will receive a bonus as well as extra days of paid leave.

This year's sales performance	has been	better
S	V	C（形容詞）

↓ * に it was が省略

than * expected, so｜staff｜will receive｜a bonus
接＋過去分詞　　接　　S　　　V　　　　O（名詞）

(as well as extra days of paid leave).
as well as ～「～のみならず」＋名　前＋名

　SVC 文型と SVO 文型を等位接続詞 so が結びつけている文です。SVC 文型の C には形容詞が、SVO 文型の O には名詞がきています。

　ここでは「可算・不可算名詞」と「集合名詞」と「他動詞」について学びます。

FOCUS-2 ──[可算・不可算名詞]

　問題文には performance（実績）、staff（スタッフ）、a bonus（ボーナス）、days（日数）、leave（休暇）という名詞が登場します。名詞によって、冠詞の a/an や複数形の -(e)s の有無に違いがあるのはなぜだろうと疑問を持った方もいるかもしれません。ここで重要になるのが、英語の名詞には「可算名詞」「不可算名詞」があることです。「可算」は「数えられる」、「不可算」は「数えられない」という意味です。英和辞書では、可算は countable の頭文字を取って C、不可算は uncountable なので U と記載されています。

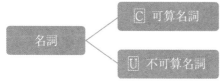

・**可算名詞**

　一般的に単数のときは、「1つの〜」を意味する不定冠詞の a/an や「その〜」と特定のものを意味する定冠詞 the がつく。複数のときは、語尾に -(e)s がつく。

> 《例》a store（店）、the plan（その計画）、attendees（参加者ら）、clients（顧客ら）、items（品物）、tourists（観光客ら）、venues（会場、開催地）

・**不可算名詞**

　数えられない名詞なので、不定冠詞 a/an や語尾の -(e)s はつかない。定冠詞 the がつくことはある。

> 《例》beauty（美しさ）、data（データ）、efficiency（効率、効率性）、information（情報）、maintenance（メンテナンス、整備、保守管理）、ownership（所有、所有権）、property（所有物、所有地）、safety（安全）、transportation（交通）

問題文に出てきた bonus（ボーナス）や day（日）は文中で可算名詞として使われているため、a bonus や days となっています。対して、performance（実績）や leave（休暇）は不可算名詞として使われています。

注意すべきは、同じ単語でも意味によって、「可算」「不可算」に分かれることです。例えば、performance は「実績」の意味では不可算名詞ですが、「（劇やコンサートなどの）上演、演奏」の意味では可算名詞で数えられます。

本書で取り上げている次の問題文は不可算名詞が登場する英文です。

---

21. Klein Investments has skillfully maintained the **trust** of its clients throughout the firm's 30 years in the finance industry.　＊ trust は「信頼、信用」の意味では不可算名詞。

39. One of the advantages of having an office outside the downtown area is the convenient **access** to the airport for clients who visit us from overseas.
　　　　　　　　　　　＊ access「アクセス、接近」は不可算名詞。

46. Providing top quality **service** at affordable prices is what matters the most to the dedicated staff at William's Coffee.　　　　　　＊ service は「接客」の意味では不可算名詞。

FOCUS-3 ──[　　　　集 合 名 詞　　　　]

問題文にはもうひとつ、注意すべき名詞が登場しています。それは staff（スタッフ）です。staff が staffs のような複数形になっていないのは、「スタッフ（全体）」を意味する「集合名詞」だからです。そのため、a staff や staffs のようには用いません。なお、一人一人のスタッフに着目するときは a staff member のように、member が加わります。前作では次の英文に出てきました。

9. Every spring, Strogham Corporation hosts a three-day orientation at its corporate headquarters for all newly hired **staff members**.
（毎春、ストローガム社では新入社員全員に向けた３日間のオリエンテーションを本社で開催しています）
＊ member は可算名詞であるため、staff members と複数形になっている。
＊『１日１分！　TOEIC® L&R テスト　炎の千本ノック！　文法徹底攻略』（2021年刊行より）

　その他、代表的な「集合名詞」として、次の単語をおさえておきましょう。

《例》audience（観客）、clothing（衣類）、committee（委員会）、crowd（群衆）、management（経営陣）、merchandise（商品）、media（マスコミ）

　本書の次の問題文にも集合名詞が登場します。

10. Any registered member of the **media** will be permitted to interview performers, but not without a press pass.
＊ the media の形で用いて「マスコミ、マスメディア（全体）」を指す。

13. All movies will be shown at the scheduled times even if there are no **audience** members in the theater.
＊ audience は集合的に「観客」を表す。可算名詞 member とセットで使われているケース。

25. Anything purchased online can be returned at a retail store as long as the **merchandise** is accompanied by proof of purchase.
＊ merchandise は集合的に「商品」を表す。

　問題文に staff will receive a bonus（従業員はボーナスを受け取ります）という箇所があります。この部分はSVO文型になっています。receive（〜を受け取る）のようにうしろに目的語をとるのが他動詞です。

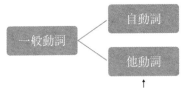

他動詞はうしろに目的語が続きます。

　目的語になるのは、名詞ならびに名詞相当語句（名詞句や名詞節など）です。ほかに teach（〜を教える）、sell（〜を売る）、show（〜を…に見せる）、make（〜を作る；〜を…の状態にする）なども他動詞です。

《例》

Kevin **teaches** computer science.

（ケビンはコンピューターサイエンスを教えている）SVO 文型

The company **sells** smartphones.

（その会社はスマートフォンを販売している）SVO 文型

Jack **showed** them his passport.

（ジャックは彼らにパスポートを見せた）SVOO 文型

Emma **made** me happy.

（エマは私を幸せにしてくれた）SVOC 文型

　上の例のように、Vの位置に他動詞がくるとき、文型はSVO、SVOO、SVOC文型のいずれかになります。

　また、make のように、「〜を作る」の意味ではSVO文型、「（人）に（モノ）を作る」の意味ではSVOO文型、「〜を…の状態にする」の意味ではSVOC文型になるという多機能な単語もあります。

《比較》

Risa **made** a cake.
（リサはケーキを作った）SVO 文型

Risa **made** them a cake.
（リサは彼らにケーキを作った）SVOO 文型

Risa **made** them happy.
（リサは彼らを幸せにしてくれた）SVOC 文型

＊ make は不規則変化動詞で、make（原形）-made（過去形）-made
（過去分詞形）と変化する。

　他動詞の目的語には名詞だけでなく、名詞的な働きをする
名詞句や**名詞節**もくることにも注意しましょう。「**句**」はS
＋Vを含まない2語以上のかたまりを、「**節**」はS＋Vを含
む2語以上のかたまりを意味します。

《比較》

I know Tom.　［名詞］
（私はトムを知っています）

I know how to skate.　［名詞句］疑問詞＋不定詞
（私はスケートの滑り方を知っています）

I know that Beth is smart.　［名詞節］接続詞 that が導く節
（私はベスが賢いということを知っています）

　いずれも、I know（私は〜を知っている）の部分は共通し
ています。how to skate（スケートの滑り方）、that Beth is
smart（ベスが賢いということ）のような名詞句・名詞節も
他動詞の目的語になることをおさえておきましょう。

接続詞の問題です。

　文頭からコンマまでも、空欄以降も、節［S（主語）＋V（動詞）］です。**節と節を結ぶのは接続詞です**。選択肢は全て接続詞の用法があります。

　どれであれば文意が通るかを考えます。
　文頭からコンマまでで「今年の営業実績が予想以上に良かった」と言っていて、コンマ以降では「追加の有給休暇とボーナスが与えられる」と言っています。

　この２つの節をつないで意味が通るのは、**「結果」を表す接続詞である(C)の so「だから、したがって」**しかありません。

　(A)nor は「そしてまた〜ない」、(B)yet は「けれども、それにもかかわらず」、(D)provided は「〜という条件で、もし〜ならば」という意味なので、これらでは文意が通りません。

スラッシュリーディング

This year's sales performance /
今年の営業実績は /

has been better than expected, /
予想以上に良かったのです /

so / staff will receive a bonus /
したがって / 従業員はボーナスを受け取ります /

as well as extra days of paid leave.
追加の有給休暇のみならず

第3問

次の選択肢の中から正しいものを選びなさい。

The Blue Bullet express train from New York to Boston ( ) hourly, weekdays from 7 A.M. to 7 P.M.

（パート5徹底攻略・第91問）

(A) depart

(B) departs

(C) departed

(D) departing

ヒント！

The Blue Bullet express train / from New York to Boston / ( ) hourly, weekdays / from 7 A.M. to 7 P.M.

単語の意味

hourly [áuərli] ································ 1 時間に 1 度の
weekdays [wí:kdèɪz] ················ 平日に

訳

ブルー・ブレット急行は、ニューヨークからボストンに向けて平日の午前7時から午後7時の間、1時間に1本出ています。

構文解析

> The Blue Bullet express train from New York to Boston departs hourly, weekdays from 7 A.M. to 7 P.M.

The Blue Bullet express train (from New York to Boston)
　　　　　　S　　　　　　　　　　　　from *A* to *B*「*A* から *B* へ」

departs hourly, weekdays (from 7 A.M. to 7 P.M.)
　V　　　副詞　　副詞　　　　from *A* to *B*

　SV 文型の文です。自動詞 depart（出発する）が V の位置にきています。また、from *A* to *B*「*A* から *B* へ」という表現が2箇所に登場しています。最初の from *A* to *B* には「場所」が、2番目には「時間」が入っています。

　ここでは、「自動詞」ならびに「形容詞」の働きについて学んでいきます。

FOCUS-5 ——[　　　　　自　動　詞　　　　　]

　自動詞と他動詞の違いは、うしろに目的語がくるかどうかです。

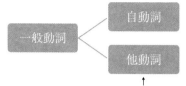

他動詞はうしろに目的語が続きます。

　問題文で使われている自動詞 depart（出発する）のうしろには departs hourly, weekdays のように副詞が続き、目的語はありません。depart 以外にも、act（演じる）、fall（落ちる）、happen（起きる）などが自動詞として挙げられます。

《例》
They **acted**.（彼らは演じた）
The sales **fell**.（売り上げが落ちた）
The accident **happened**.（事件が起きた）

　ただし、実際の英文では問題文と同様に、「副詞」や「前置詞＋名詞」などの修飾語が続くことが多いです。

《例》
They **acted** on the stage.
（彼らはステージで演じた）SV 文型＋修飾語（前置詞＋名詞）
The sales **fell** dramatically.
（売り上げが劇的に落ちた）SV 文型＋修飾語（副詞）
The accident **happened** at night.
（その事件は夜に起きた）SV 文型＋修飾語（前置詞＋名詞）

　なお、remain（～のままである；居残る）のように日本語の意味からすると他動詞と勘違いしてしまいがちな自動詞も

あるので注意が必要です。「居残る」の意味で使うときは自動詞であることがわかりやすいですが、「〜のままである」の意味で使うときは SVC 文型となり、うしろには補語（形容詞や過去分詞など）が続きます。

《比較》
Only Meg **remained**.
（メグだけが残った）SV 文型
Meg **remained** silent.
（メグは黙ったままだった）← SVC 文型で C に形容詞。
The case **remains** unsolved.
（その事件は未解決のままだ）← SVC 文型で C に過去分詞。

FOCUS-6 ──[名詞を修飾するのは「形容詞」]

The Blue Bullet express train（ブルー・ブレット急行）のところで使われている express train（急行電車）に着目します。これは形容詞 express ＋名詞 train の組み合わせです。このように「名詞」を修飾するのは「形容詞」の役割です。

問題文で使われている express train を例にとり、名詞を修飾する形容詞について学んでいきましょう。

express train
形容詞 名詞

名詞を修飾

形容詞 express（急行の）が前から名詞 train（電車）を修飾しています。このように、形容詞は前から名詞を修飾するのが基本の形です。

《例》
an **additional** meeting（追加の会議）
careful consideration（熟慮）
cashless transaction（キャッシュレス決済）
electric vehicle（電気自動車）
local resident（地元住民）
new regulation（新しい条例）
outstanding effort（並々ならぬ努力）

なお、express という単語は、名詞で使うときは express 単体でも「急行列車」の意味があり、さらに動詞で用いるときは「～を表現する」という別の意味になります。このように英語はひとつの単語が複数の品詞で用いられることが多々ある点にも注意しましょう。

形容詞には上記のような①**名詞を修飾する**、という役割に加えて、②**文の中で補語になる**、という役割もあります。こちらについては次の第4問で掘り下げます。

　主語と動詞の一致＋時制の問題です。

　この英文の主語は The Blue Bullet express train です。選択肢にはさまざまな形の動詞が並んでいるので、空欄には動詞が入るとわかります。

　The Blue Bullet express train は三人称単数名詞です。
　from New York to Boston 部分は「前置詞＋名詞句」なので修飾語です。この部分をカッコに入れると、空欄には三人称単数の場合の主語に対応する動詞が入るとわかります。

　現在形である(B)の departs と過去形である(C)の departed、どちらが正解かを考えます。

　過去から未来にわたり、ある程度の期間に繰り返し行われていることは現在形で表します。
　したがって、正解は(B)の departs です。

The Blue Bullet express train /
ブルー・ブレット急行は /

from New York to Boston /
ニューヨークからボストン行きの /

departs hourly, weekdays /
平日１時間に１本出ています /

from 7 A.M. to 7 P.M.
午前７時から午後７時の間

第4問

次の選択肢の中から正しいものを選びなさい。

Sarah Lee is renowned to be very (　) to customer complaints and has the best achievement record of any store manager in our entire chain.

（パート5徹底攻略・第75問）

(A)　responsive

(B)　responsibilities

(C)　responsively

(D)　responded

ヒント！

Sarah Lee is renowned / to be very (　) / to customer complaints / and has the best achievement record / of any store manager / in our entire chain.

単 語 の 意 味

renowned [rináʊnd]················名高い、名声のある
complaint [kəmpléɪnt]············苦情、不平、クレーム
achievement [ətʃíːvmənt]········業績、成果

訳

サラ・リーさんは顧客の苦情に対してとても迅速に応答することで知られていて、チェーン店全体でどの店舗のマネージャーよりも最も優れた業績を達成しています。

構文解析

> Sarah Lee is renowned to be very responsive to customer complaints and has the best achievement record of any store manager in our entire chain.

Sarah Lee | is | renowned to be very responsive
　S　　　V　C（形容詞）不定詞

(to customer complaints)
　　　前＋名詞

↓ she（= Sarah Lee）が省略されている
and * has the best achievement record (of any store manager
接　　V　　　O（名詞）　　　　　　　　　前＋名詞

in our entire chain).
　　　前＋名詞

　等位接続詞 and が前後の「節」を結びつけている文です。前者が SVC 文型で、S＝C の関係が成り立っています。後者は SVO 文型で、S にあたる she（＝Sarah Lee）は省略されています。
　補語として機能する「形容詞」、節と節を結ぶ「等位接続詞 and」、ならびに「複合名詞」について学びます。

FOCUS-7 ──[形容詞が文の中で補語になる]

Sarah Lee is renowned to be very responsive（サラ・リーさんはとても迅速に応答することで知られている）で使われている、be renowned と be responsive の部分に着目します。

ひとつ前の第3問では express train（急行列車）を例にとり、形容詞が前から名詞を修飾することを学びました。もうひとつ、形容詞には重要な役割があります。それは文の中で補語になるということです。つまり、SVC 文型や SVOC 文型のC の部分にくるわけです。

名詞を修飾する用法は「限定用法」、文の中で補語になる用法は「叙述用法」と呼ばれます。注意すべきは、形容詞の中にはどちらの用法でも使える単語もあれば、片方の用法でしか使えない単語もあることです。問題文にある renowned と responsive は両方の用法で使える単語です。

---

①名詞を修飾する（＝限定用法）
・a **renowned** architect（有名な建築家）
・**responsive** audience（反応の良い聴衆）

②文の中で補語になる（＝叙述用法）
・She is **renowned** as an architect.
（彼女は建築家として有名だ）
・She is very **responsive** to customers.
（彼女は顧客にとても迅速に応答する）

対して、問題文の後半 has the best achievement record of **any** store manager in our **entire** chain（チェーン店全体でどの店舗のマネージャーよりも最も優れた業績を達成しています）のところで使われている、any（どんな〜も）と entire（全部の〜）は通例、限定用法で用います。

FOCUS-8 ── [等位接続詞 and]

問題文 **and** has the best achievement record of any store manager in our entire chain のところで使われている接続詞 and について学びます。

and は「等位接続詞」と呼ばれ、前後の「語」、「句」（＝ SV を含まない 2 語以上のかたまり）、「節」（＝ SV を含む 2 語以上のかたまり）を対等な関係で結びます。問題文では「節」と「節」が and で結ばれています。

《例》

「語」と「語」

research **and** development （研究開発）
名詞   名詞

a simple **and** cost-effective way （簡単で費用対効果の高い方法）
形容詞   形容詞

＊形容詞 simple と形容詞 cost-effective が名詞 way を修飾している形。

「句」と「句」

<u>Work reports</u> **and** <u>schedule adjustments</u> are continually updated throughout the term of the project.
（本書・第 9 問より）

「節」と「節」

<u>I like pasta</u> **and** <u>Katharine likes pizza</u>.
（私はパスタが好きで、キャサリンはピザが好きです）

<u>The Talon electric car requires little maintenance</u> **and** <u>its software systems are upgraded remotely throughout the entire life of the vehicle</u>. （本書・第 14 問より）

FOCUS-9 ——[複合名詞]

　customer complaints（顧客の苦情）という表現に着目しましょう。この表現は、「名詞」＋「名詞」の組み合わせになっています。このような組み合わせを「複合名詞」といい、ひとつの名詞のまとまりとなります。下記は TOEIC でおさえておきたい複合名詞です。

複合名詞（2 語のパターン）

account holder（口座名義人）
achievement record（業績）
application software（アプリケーションソフト）
art exhibition（美術展）
assembly plant（組み立て工場）
audience member（観客）
backstage area（舞台裏）
billing statement（請求書、請求明細書）
business owner（事業主）
business travel（出張）
cancellation fee（解約料）
cancellation policy（キャンセル規定）
client data（顧客データ）
conference attendee（会議の参加者）
conference facility（会議施設）
construction work（建設工事）
customer base（顧客ベース）
customer complaint（顧客の苦情）
customer service（カスタマーサービス）
customer volume（顧客数）
delivery truck（配送用トラック）
distribution system（流通システム）
dress code（服装規定）
employee performance（従業員の業績）

---

event organizer （イベント主催者）

facility closure （施設の閉鎖）

finance industry （金融業界）

food offerings （（レストランなどが提供する）食事のメニュー）

foot traffic （客の出足）

inventory count （棚卸し）

management position （管理職のポジション）

market share （マーケットシェア）

meeting agenda （会議の議題）

performance evaluation （業績評価）

photo identification （写真付き身分証明証）

population statistics （人口統計）

production line （生産ライン）

production rate （生産率）

profit growth （利益の伸び）

property owner （住宅所有者）

renovation company （リフォーム会社）

renovation project （改修計画）

retail store （小売店）

safety protocol （安全手順）

sales strategy （販売戦略）

schedule adjustment （スケジュール調整）

security pass （セキュリティパス）

security requirement （セキュリティ要件）

shareholders meeting （株主総会）

software system （ソフトウェアシステム）

tax deadline （納税期限）

tax increase （増税）

time constraints （時間的な制約）

transportation cost （交通費、輸送費）

travel expenses （旅費）

vehicle manufacturer （自動車メーカー）

weather conditions（天候状態）
work space（ワークスペース）

複合名詞（3語のパターン）

address book entry（アドレス帳の登録）
business expansion plan（事業拡大計画）
business training program（ビジネス研修プログラム）
credit card payment（クレジットカード支払い）
customer satisfaction survey（顧客満足度調査）
information technology team（IT チーム）
land development company（土地開発会社）
market expansion plan（市場拡大計画）
production line worker（生産ラインの作業員）
town council member（町会議員）
tour group participant（ツアーグループ参加者）

形容詞の問題です。

選択肢に似た形の単語が並んでいるので、品詞問題かもしれないと考えます。品詞問題の場合、空欄前後が重要になります。

be renowned は be known と意味も用法も似ていて、to 不定詞を後ろにとって「〜であることで知られている」という意味になります。この英文でも Sarah Lee is renowned「サラ・リーさんは知られている」に to be very ( ) と to 不定詞が続き、「サラ・リーさんはとても〜であることで知られている」という意味になります。

be 動詞の後ろには、名詞か形容詞が続きます。しかし、名詞である(B)の responsibilities を入れた場合、空欄前に副詞の very を置くことはできません。

形容詞である(A)の responsive「すぐに応答する」であれば、形容詞を修飾する副詞としての very を空欄直前に置くことができます。

be 動詞に続く形容詞を入れる問題で、力のない人を戸惑わせようと、be 動詞と形容詞の間に「形容詞を修飾する副詞」が置かれていることはよくあります。問題のポイントが何かを瞬時に把握することが大事です。

スラッシュリーディング

Sarah Lee is renowned /
サラ・リーさんは知られています /

to be very responsive / to customer complaints /
とても迅速に応答することで / 顧客の苦情に対して /

and has the best achievement record /
そして最も優れた業績を達成しています /

of any store manager / in our entire chain.
どの店舗のマネージャーの中でも / チェーン店全体で

第5問

次の選択肢の中から正しいものを選びなさい。

Cray Architects designs office buildings to the specifications of its clients, but does not (　) build the facilities.

（パート5徹底攻略・第81問）

(A) exclusively

(B) mostly

(C) actually

(D) potentially

ヒント！

Cray Architects designs office buildings / to the specifications of its clients, / but does not (　) build the facilities.

単 語 の 意 味

specification [spèsəfɪkéɪʃən]… 仕様（書）、設計書
client [kláɪənt]………………… 顧客、取引先
facility [fəsíləti]………………… 施設、設備

訳

クレイ・アーキテクツでは、クライアントの仕様に合わせて
オフィスビルの設計をしますが、実際に施設を建設すること
はありません。

構文解析

> Cray Architects designs office buildings to the
> specifications of its clients, but does not actually build
> the facilities.

Cray Architects | designs | office buildings
S　　　　　　 　V　　　 　O (名)

(to the specifications of its clients),
前＋名　　　　　 前＋名

↓ it (=Cray Architects) が省略
but *does not actually build the facilities.
接　　　does not　　副　　V　　O (名)

副詞が動詞を修飾

　等位接続詞 but が前後の「節」を結びつけている文です。
but の前後ともに SVO 文型です。後者の節で S にあたる it
(= Cray Architects) は省略されています。

　ここでは、「等位接続詞 but」、「副詞の役割」、「代名詞の
役割」について学びます。

FOCUS-10 ——[　等位接続詞 but　]

　問題文の **but** does not actually build the facilities で使われ
ている but に着目します。

　本書の第4問で取り上げた and と同様に、but は「等位接
続詞」と呼ばれ、前後の「語」、「句」（＝ SV を含まない2
語以上のかたまり）、「節」（＝ SV を含む2語以上のかたま
り）を対等な関係で結びます。

　問題文では「節」と「節」が but で結ばれています。but
は「しかし、けれども」の意味をもち、前後の内容が対比関
係になる点が and と異なります。問題文でも、「オフィスビ
ルの設計をする」、しかし「実際に施設を建設することはな
い」という内容で、「設計はするが、建設はしない」という
対比関係にあります。

　次の英文も等位接続詞 but が登場する英文です。どちらも
「節」と「節」を結びつけています。併せて学習しましょう。

Any registered member of the media will be permitted to
interview performers, **but** not without a press pass.
＊本書・第10問より

86. Forest City Renovations no longer accepts credit card
payment, **but** most other forms of cashless transactions
are available.
（フォレスト・シティ・リノベーションズでは、クレジットカード支
払いはもはや受け付けておりませんが、その他ほとんどの形態のキ
ャッシュレス決済がご利用いただけます）
＊『1日1分！　TOEIC® L&R テスト　炎の千本ノック！　パート5徹底
攻略』（2021 年刊行）より

FOCUS-11 ——[　　副 詞 の 役 割　　]

　問題文の **actually** build the facilities のところで使われて
いる副詞 actually に着目します。

「形容詞」が「名詞」を修飾するのに対して、「副詞」には「動詞」「形容詞」「ほかの副詞」「句・節・文全体」を修飾するという役割があります。いくつかの例外を除いて、副詞が名詞を修飾することはありません。

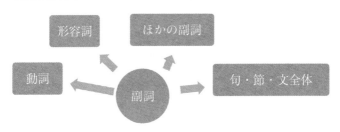

「動詞」を修飾

Bob arrived **late**. （ボブは遅れて到着した）
↑動詞をうしろから修飾

The presentation was **mainly** focused on climate change.
（そのプレゼンテーションは主に気候変動に焦点を当てていた）
↑受け身の場合は be 動詞のうしろに
置かれるのが一般的

「形容詞」を修飾

Your speech was **really** good.
（あなたのスピーチは本当によかったです）
↑形容詞を前から修飾

「ほかの副詞」を修飾

Tony works **very** hard. （トニーはとてもよく働きます）
↑副詞を前から修飾

「句」を修飾

I saw her **just** a few minutes ago.
（ほんの数分前に彼女を見かけましたよ）
↑句を前から修飾
＊「句」は S + V を含まない 2 語以上のかたまり。

「節」を修飾

The information will be used **only** <u>when it is necessary</u>.
（その情報は必要なときにのみ使われます）

↑節を前から修飾
＊「節」はS+Vを含む2語
　以上のかたまり。

「文全体」を修飾

Unfortunately, <u>the project didn't work out</u>.
（残念ながら、そのプロジェクトはうまくいかなかった）

本書で取り上げている次の問題文でも、副詞の修飾が登場します。併せて学習しましょう。

「副詞」が「形容詞」を修飾する

7. The sale was a **surprisingly** <u>great</u> success considering the advertising campaign did not begin until one week before the event. ＊ surprisingly「驚くほど」

「副詞」が「動詞」を修飾する

16. Due to a scheduling conflict, the invited guest speaker **politely** <u>declined</u> our offer to present at next month's conference. ＊ politely「丁重に」

48. The board of directors <u>is</u> **still** <u>waiting</u> for final confirmation that Jessica Mathers will accept the CEO position. ＊現在進行形　＊ still「今もなお、まだ」

49. Featuring a state-of-the-art recording facility and renowned sound engineers, Shire Studios <u>is</u> **fully** <u>booked</u> until May of next year.
＊現在形の受動態　＊ fully「完全に、十分に」

21. Klein Investments has **skillfully** maintained the trust of its clients throughout the firm's 30 years in the finance industry. ＊現在完了 ＊ skillfully「巧みに」

24. Although the conference facility had **initially** been scheduled to open in spring of next year, the date has been pushed back to mid-June.
＊過去完了の受動態 ＊ initially「もともとは」

「副詞」が「副詞」を修飾する

52. A majority of employees responded **surprisingly** sympathetically when asked how the company should handle the financial crisis. ＊ surprisingly「驚くほどに」

「副詞」が「句」を修飾する

28. Belmont Publishing is currently offering a reduced rate **specifically** to encourage people to sign up for a three-year subscription. ＊不定詞を修飾 ＊ specifically「特に」
＊ほかに副詞 currently も出てくるが、これは現在進行形である is offering を修飾している。

そのほかの修飾例　「副詞」が「数字」を修飾する
44. By focusing its marketing on an older clientele, Kane Clothiers was able to expand its customer base by **nearly** 30%. ＊ nearly「ほとんど、ほぼ」
＊『炎の千本ノック！　パート5徹底攻略』より

FOCUS-12 ——[　　代名詞の役割　　]

　問題文の **its** clients の部分に着目します。《代名詞の所有格 its ＋名詞》の組み合わせになっています。「代名詞」は、同じ名詞の繰り返しを避けるために代用できる品詞です。its のような代名詞は「**人称代名詞**」と呼ばれます。人称代名詞

は、文の中でどう働くかによって形が変わるので要注意です。

　代名詞にはこのほかに、this（これ）や that（あれ）といった、特定の人やモノを指す「**指示代名詞**」や、some（いくつか、何人か）や all（すべて、全員）といった不特定のものを意味する「**不定代名詞**」があります。

人称代名詞　一覧

人称	数・性	主格	所有格	目的格	所有代名詞	再帰代名詞
一人称	単数	I	my	me	mine	myself
	複数	we	our	us	ours	ourselves
二人称	単数	you	your	you	yours	yourself
	複数	you	your	you	yours	yourselves
三人称	単数・男性	he	his	him	his	himself
	単数・女性	she	her	her	hers	herself
	単数・中性	it	its	it		itself
	複数	they	their	them	theirs	themselves

- **主格**：「主語」として働く。
- **所有格**：「〜の」と所有を表す。
- **目的格**：「目的語」として働く。
- **所有代名詞**：「〜のもの」と所有物を表す。
- **再帰代名詞**：代名詞の語尾に -self/-selves をつけると、「〜自身」という意味になる。

- **一人称**：「私」「私たち」、すなわち話し手自らのこと。
- **二人称**：「あなた」「あなたがた」、すなわち聞き手のこと。
- **三人称**：「彼（ら）・彼女（ら）・それ（ら）」というように、話し手・聞き手以外の第三者的存在。

　名称が Cray Architects のように -s で終わっていても、1つの企業名であれば単数扱いです。そのため、企業名を代名詞で言い換えるときは三人称・単数扱いで、主格 it ／所有格 its ／目的格 it のいずれかを使うことに注意しましょう。

適切な意味の副詞を選ぶ問題です。

選択肢にはさまざまな副詞が並んでいるので、適切な意味の副詞を選ぶ問題だとわかります。英文の意味を考えて文意に合う副詞を選ばなければならないので、語彙問題に似ています。

「クレイ・アーキテクツでは、クライアントの仕様に合わせてオフィスビルを設計しているが、〜施設を建設することはない」という英文で、「〜」部分に入れて文意が通る副詞は何かを考えます。

(C)の actually「実際に、実際は」であれば、文意が通ります。actually にはさまざまな意味があり、いろいろなニュアンスで使われます。この問題では in fact に近い意味で actually が使われています。

actually はリスニングセクションのパート3でも多用されます。パート3で使われる actually は「本当のところは」という意味合いで、会議などでよく使われる、遠慮しながら意見を述べるとき、やんわりと相手の発言に反対したり訂正したりするとき、つまり well に近い意味で使われていることが多いです。

(A)exclusively「全く〜のみ」、(B)mostly「たいていは」、(D)potentially「潜在的に」では、文意が通りません。

スラッシュリーディング

Cray Architects designs office buildings /
クレイ・アーキテクツはオフィスビルの設計をします /

to the specifications of its clients, /
クライアントの仕様に合わせて /

but does not actually build the facilities.
しかし実際に施設を建設することはありません

第6問

次の選択肢の中から正しいものを選びなさい。

Rickman, Ltd., is the primary (　) of beverages at a majority of sports stadiums throughout North America.

(パート5徹底攻略・第105問)

(A) supplies

(B) supplying

(C) supplier

(D) supplied

ヒント！

Rickman, Ltd., is the primary (　) / of beverages / at a majority of sports stadiums / throughout North America.

単語の意味

primary [práɪmèri]……………… 主要な、第一の
beverage [bévərɪdʒ]…………… 飲料、飲物
a majority of ～……………… ～の大部分

訳

リックマン社は、北米全域のスポーツスタジアムの大半における主要な飲料納入業者です。

構文解析

> Rickman, Ltd., is the primary supplier of beverages at a majority of sports stadiums throughout North America.

形容詞が名詞を修飾　「前＋名」が名詞を修飾

Rickman, Ltd., | is | the primary supplier | (of beverages
S | V | C（名）| 前＋名

at a majority of sports stadiums throughout North America).
前＋名　　　前＋名　　　前＋名
↑ a majority of 〜「〜の大半」

　SVC 文型の文です。S ＝ C の関係が成り立ち、C のところには「名詞」がきています。of（2 箇所）、at、throughout という 3 種類の前置詞が登場しています。

　ここでは「前置詞の働き」について学びます。

FOCUS-13 ───[　　前置詞の働き　　]

　問題文の the primary supplier **of** beverages **at** a majority **of** sports stadiums **throughout** North America の箇所に着目しましょう。これらはすべて《前置詞＋名詞》の組み合わせになっています。前置詞のうしろには名詞だけでなく、名詞相当語句（動名詞など）が続くこともあります。

　まず、the supplier of beverages（飲料納入業者）のところで使われている of から見ていきましょう。前置詞 of を辞書で引くと 10 種類以上の用法があり、シンプルながら複雑な単語でもあります。ここでの of は日本語にすると「〜の」という意味ですが、細かくは「行為の対象」を表す of です。名詞 supplier は動詞にすると supply（〜を供給する）ですから、beverages（飲料）を supply する、という関係性になっています。仮に名詞を動詞に置き換えたときの目的語が of 以下にきているわけです。

---

the supplier **of** beverages（飲料納入業者）
↑
<u>supply</u> <u>beverages</u>（飲料を納入する）の関係性
　Ⅴ　　　　Ｏ

《その他の例》
the readers **of** this book（この本の読者）
↑
<u>read</u> <u>this book</u>（この本を読む）の関係性
　Ⅴ　　Ｏ

　もうひとつ、**at** a majority **of** sports stadiums（スポーツスタジアムの大半で）のところで使われている at と of に着目します。まず、a majority of 〜で「〜の大半、大部分」を意味し、成句のように用います。もうひとつの前置詞 at は「場所」を表し、「〜で、〜に」の意味です。最後に出てくる

throughout North America の前置詞 throughout も「場所」を表し、「〜の至る所に」という意味をもちます。本書の次の問題文でも、本問と同じ前置詞が登場します。

---

at「〜で」(場所)

16. Due to a scheduling conflict, the invited guest speaker politely declined our offer to present <u>at</u> next <u>month's conference</u>. ＊「来月の会議で」

throughout「〜の至る所で」(場所)

26. The marketing team plans to distribute more samples to regional dealers in an effort to expand market share <u>**throughout** the country</u>. ＊「国中で」

なお、throughout は「場所」以外に、「〜の間中」という「時間」を表す用法もあります。本書の次の問題文に登場します。

---

throughout「〜の間中」

9. Work reports and schedule adjustments are continually updated <u>**throughout** the term of the project</u>.

＊「プロジェクトの期間中」

14. The Talon electric car requires little maintenance and its software systems are upgraded remotely <u>**throughout** the entire life of the vehicle</u>.

＊「車の全寿命期間を通して」

加えて、throughout には「《通過》〜を通り抜けて」の意味もあることをおさえておきましょう。

The train went **throughout** the station.
(その列車は駅を通過した)

＊ throughout は through よりも意味が強い。

本書の問題文を題材に、その他の重要な前置詞も覚えておきましょう。

---

to「〜にとって」（対象）

30. The government has decided to loosen visa restrictions in order to make the country more accessible **to** foreign tourists.　　＊「外国人観光客にとって」

to「〜に合わせて」（適合）

5. Cray Architects designs office buildings **to** the specifications of its clients, but does not actually build the facilities.　　＊「クライアントの仕様に合わせて」

to「〜へ」（方向や到達）
during「〜の間（ずっと）」（期間）
without「〜なしで、〜を持たないで」

12. Please remember that access **to** the backstage area **during** a performance is strictly prohibited **to** anyone **without** a security pass.
＊前から「舞台裏へ」「公演中」「誰にとっても」「セキュリティパスを持たないで」の意味。
＊ to anyone では to は「〜にとって」（対象）の意味。

until「〜までずっと、〜になるまで」（動作や状態の継続）
before「〜より前の」（時間）

7. The sale was a surprisingly great success considering the advertising campaign did not begin **until** one week **before** the event.　　＊「イベントの1週間前まで」

by「〜によって」（動作主）

44. Elgin town council members decided that residents whose houses were built **before** 2010 would not be affected **by** the new regulation.
＊前から「2010年以前に」「新規制によって」の意味。

また、本書で取り上げた55問には含まれていませんが、TOEICテストで出題される、覚えておきたい重要な前置詞をご紹介します。いずれも『1日1分！ TOEIC® L&Rテスト　炎の千本ノック！　パート5徹底攻略』(2021年刊行) に出てきたものです。

---

among「〜の間で」

115. The CEO has instructed senior management to facilitate the sharing of information **among** employees and managers alike.

(CEOは従業員と管理職の間で同等に情報共有を容易に行えるように経営幹部に指示しました)

excluding「〜を除いて」

18. Each journal contributor will be allowed to submit up to three pages for the publication, **excluding** graphs and illustrations.

(専門誌の寄稿者は各自、グラフと図を除き、3ページまで投稿することができます)

following「〜に続いて」

21. **Following** the successful launch of its new line of protein drinks, Hartman Health is planning to introduce several frozen food products.

(プロテイン飲料の新シリーズの発売成功に続き、ハートマン・ヘルスではいくつかの冷凍食品の導入を検討しています)

plus「〜に加えて」

50. The renovation company provided us with a price quote that includes premium building materials **plus** a selection of fine wallpapers.

(リフォーム会社は、高級建材と上質な壁紙を含む見積価格を提示しました)

regarding「〜に関して」

59. It is up to the regional authorities to make announcements **regarding** road or facility closures due to inclement weather conditions.

（悪天候による道路や施設の閉鎖に関する発表は地方自治体の判断で行います）

since「〜以来」

78. **Since** April 1, interns at Gallagher's Law Firm have been immersed in legal training to help them prepare to be good lawyers.

（ギャラガー法律事務所のインターンは、優秀な弁護士になるために4月1日から法律研修に没頭しています）

through「〜を通り抜けて」（通過）

113. Please ask all employees in Stanley Tower to enter the building **through** the service entrance while the lobby is being renovated.

（ロビーの改修中は、全ての従業員にスタンレータワーの通用口から入館してもらうようにしてください）

through「〜を通じて」（手段）

151. Last year, Carrington Beverages was able to boost its sales revenue **through** a merger with Redford Foods.

（昨年、キャリントンビバレッジズ社はレッドフォードフーズ社との合併により、総売上高を伸ばすことができました）

名詞の問題です。

選択肢に似た形の単語が並んでいるので、品詞問題かもしれない、と考えましょう。品詞問題の場合、空欄前後が重要になります。

空欄前を見ると、冠詞 the の後ろに primary という形容詞が続いています。空欄後は of beverages と〈前置詞＋名詞〉で修飾語なので、この部分をカッコでくくるとわかりやすいです。

空欄には形容詞 primary が修飾する名詞が入ります。
名詞は(A)の supplies「納入品、供給品」と(C)の supplier「**納入業者、供給業者**」です。どちらが正解かは、英文の意味を考えます。「リックマン社は、北米全域のスポーツスタジアムの大半における主要な飲料納入業者だ」となるはずなので、(C)の supplier が正解です。

TOEIC は時間がない中で解くので、きちんと英文を読まないで間違って(A)supplies を選んでしまう人がいると思います。そこを狙った選択肢の作り方をしています。

名詞の問題は簡単だからか、選択肢に2つ以上名詞があることも多いです。他の選択肢もきちんとチェックしましょう。

スラッシュリーディング

Rickman, Ltd., is the primary supplier / of beverages /
リックマン社は主要な飲料納入業者です / 飲料の /

at a majority of sports stadiums /
スポーツスタジアムの大半において /

throughout North America.
北米全域の

第7問

次の選択肢の中から正しいものを選びなさい。

The sale was a surprisingly great success (　) the advertising campaign did not begin until one week before the event.

（パート5徹底攻略・第41問）

(A)　since

(B)　therefore

(C)　considering

(D)　provided that

ヒント！

The sale was a surprisingly great success ／（　）the advertising campaign did not begin ／ until one week before the event.

単語の意味

surprisingly [sərpráɪzɪŋli]‥‥‥‥ 意外にも、驚いたことに（は）
advertising campaign‥‥‥‥ 広告キャンペーン

答え (C) considering

訳

イベント1週間前まで広告キャンペーンが始まらなかったということを考えれば、セールは意外にも大盛況でした。

構文解析

> The sale was a surprisingly great success considering the advertising campaign did not begin until one week before the event.

副詞が形容詞を修飾

The sale	was	a surprisingly great success
S	V	C（名）

形容詞が名詞を修飾

[considering	the advertising campaign	did not begin
接	S'	V'

(until one week before the event)].
　　前+名　　　　前+名

　SVC文型の文です。接続詞 considering が導く節の中はSV文型となっています。

　ここでは「接続詞・前置詞両方の用法がある単語」「接続詞 considering」について学びます。

FOCUS-14 —[接続詞・前置詞両方の用法がある単語]

the advertising campaign did not begin **until** one week **before** the event（イベント1週間前まで広告キャンペーンが始まらなかった）のところで使われている until と before に着目します。どちらとも《前置詞＋名詞》の組み合わせで使われています。until は「〜までずっと、〜になるまで」、before は「〜より前の」という意味です。

　これらの単語には「接続詞」としての用法もあります。接続詞はうしろに節（＝SV を含む2語以上のかたまり）を導く点が前置詞とは異なります。until や before 以外に、after/since/as も「前置詞」「接続詞」両方の用法がある単語です。それぞれの単語の使われ方を比較しましょう。

---

until
前置詞「〜までずっと、〜になるまで」
Let's take a break **until** 1:30.
（1時半まで休憩しましょう）
接続詞「S が V するまでずっと」
Let's take a break **until** Henry gets back.
（ヘンリーが戻るまで休憩しましょう）

---

before
前置詞「〜の前に」
Please wash your hands **before** meals.
（食事の前には手を洗ってください）
接続詞「S が V するよりも前に」
Please wash your hands **before** you enter the room.
（部屋に入る前に手を洗ってください）

after

前置詞「〜の後に」

We went out for dinner **after** <u>the game</u>.

（その試合の後、私たちは夕食に出かけました）

接続詞「S が V してから」

We went out for dinner **after** <u>the game was over</u>.

（その試合が終わってから、私たちは夕食に出かけました）

---

since

前置詞「〜以来」

We have been working together **since** <u>2012</u>.

（私たちは 2012 年から一緒に働いています）

＊since は通例、現在完了形（= have [has] + 過去分詞）とともに用いる。

接続詞

「S が V して以来」

We have been working together **since** <u>we met</u>.

（私たちは出会ってからというもの、ずっと一緒に働いています）

＊現在完了進行形（= have [has] been + 過去分詞）の文。

「S が V するので」（理由）

Since <u>the delivery was delayed</u>, he gave us a discount coupon.

（配達が遅れたので、彼は私たちに割引クーポンをくれました）

＊「理由」の意味で since を使うときは、通例文頭で用いる。

---

until/before/after は前置詞も接続詞も意味自体は似ているのでわかりやすいでしょう。対照的に、as はそれぞれの意味に違いが生じるため、注意が必要です。

---

as

前置詞「〜として」

She works **as** <u>a marketer</u>.

（彼女はマーケターとして働いています）

接続詞

「S が V するので」(理由)

You cannot access to your account **as** the password is incorrect.

(パスワードが間違っているため、アカウントにアクセスできかねます)

「S が V するとき、S が V するにつれて」(時)

As Christmas comes closer, the city is beautifully lit up.

(クリスマスが近づくにつれて、街は美しくライトアップされる)

「S が V するように」(様態)

As we mentioned before, we're going to change the procedure.

(以前述べたように、私たちは手順を変更します)

FOCUS-15 ──[接続詞 considering]

　considering the advertising campaign did not begin の ところで使われている considering に着目します。ここでの considering は接続詞として使われ、「〜であることを考慮すれば」という意味です。うしろには that 節が続きますが、接続詞 that は省略可能です。問題文でも接続詞 that は省略されています。

　なお、considering には前置詞「〜を考慮すれば」の用法もあります。

　TOEIC では、前置詞・接続詞両方の用法が出題されています。他動詞 consider（〜をよく考える）は知っている方が多いと思いますが、そこに -ing がついて前置詞・接続詞としても使われることがあることをおさえておきましょう。

接続詞の問題です。

文頭から空欄前までも、空欄以降も節 [S（主語）＋V（動詞）] です。**節と節を結ぶのは接続詞です。**選択肢の中で(B)の therefore だけが副詞で、他は接続詞の用法があります。

(A)since「～なので」、(C)considering「～であることを考えれば」、(D)provided that「ただし、～ならば」のどれが正解かは、どれであれば文意が通るかで判断します。

空欄までで「セールは意外にも大盛況だった」と言っていて、空欄以降では「イベント1週間前まで広告キャンペーンが始まらなかった」と言っています。
この2つの節をつないで意味が通るのは、(C)の considering「～であることを考えれば」しかありません。接続詞の considering は元々 considering that の形なのですが、口語英語ではこの that を省略して使うことが多いです。

considering は他にも前置詞「～を考えれば、考慮すれば」や副詞「すべてを考慮すれば、その割に」としての用法もあります。中でも前置詞としての使用頻度が高いせいか、前置詞としての considering も過去に出題されています。

スラッシュリーディング

The sale was a surprisingly great success /
セールは意外にも大盛況でした /

considering the advertising campaign did not begin /
広告キャンペーンが始まらなかったということを考えれば /

until one week before the event.
イベント1週間前まで

第8問

次の選択肢の中から正しいものを選びなさい。

As a result of new safety protocols in our food processing plants, procedures will change nationwide (　) July 1.

（パート5徹底攻略・第37問）

(A) effective

(B) effect

(C) effectiveness

(D) effectively

ヒント！

As a result of new safety protocols / in our food processing plants, / procedures will change nationwide / (　) July 1.

単 語 の 意 味

as a result of ～·····················～の結果として
protocol [próutəkà:l]················手順
food processing plant········食品加工工場
procedure [prəsí:dʒər]···········工程、手順、手続き
nationwide [nèiʃənwáid]··········全国的に

訳

当社の食品加工工場の安全手順が新しくなることから、7月1日より全国的に工程が変更となります。

構文解析

> As a result of new safety protocols in our food processing plants, procedures will change nationwide effective July 1.

↓ as a result of ～「～の結果」

(As a result of new safety protocols
　前＋名　　　　　　　前＋名

in our food processing plants,)
　　　前＋名

↓ from が
省略されている

procedures | will change | nationwide effective * July 1.
　S　　　　V（自動詞）　　　副詞　　　副詞

　SV 文型の文です。ここでの動詞 change は自動詞として機能しています。また、nationwide effective の箇所は副詞が二つ並んでいます。

　ここでは、「形容詞・副詞両方の用法がある単語」「助動詞の役割」について学びましょう。

FOCUS-16 ───[形容詞・副詞両方の用法がある単語]

　nationwide effective の箇所に着目しましょう。問題文では
いずれも副詞として使われています。この二つの単語には形
容詞としての用法もあることに注意が必要です。

　通常、形容詞と副詞は、形容詞 dramatic（劇的な）→副
詞 dramatically（劇的に）のように形が異なります。しか
し、中には形が同じままで、別の品詞として使われる単語が
あるのです。

《比較》
nationwide
形容詞「全国規模の」
The **nationwide** campaign was launched.
（その全国規模のキャンペーンが始まった）

副詞「全国的に」
The news spread **nationwide**.
（そのニュースは全国的に広まった）

effective
形容詞「効力を生じて」
The change becomes **effective** (from) today.
（その変更は今日から施行されます）
＊ SVC 文型です。C（補語）の場所に形容詞がきています。effective は
他に「効果的な」という意味もあります。その場合、That's the most
effective way to learn languages.（それが言語を習得するのに最も効果的
な方法です）のように用います。

副詞「効力を持って」
The schedule will change **effective** (from) April 1.
（スケジュールは4月1日から変更となります）
＊ effectively という副詞もありますが、「効果的に」という別の意味にな
ります。

---

procedures **will** change のところで使われている助動詞 will に着目しましょう。助動詞は《助動詞＋動詞の原形》の形をとります。ここでの will は「未来」を表し、「〜でしょう」という意味です。will はほかに「〜するつもりだ」と「(発話時点での) 意志」を表す用法もあります。

《比較》
未来「〜でしょう」
Mary **will** be assigned to a new position.
(メアリーは新しいポジションに任命されるでしょう)

意志「〜するつもりです」
I'**ll** have a latte, please.
(カフェラテでお願いします)　　　　　　＊ I'll は I will の短縮形。

本書では次の問題文で助動詞 will が使われています。併せて学習しましょう。

---

13. All movies **will** be shown at the scheduled times even if there are no audience members in the theater.
　　　　　　　　　　　　　＊《will be＋過去分詞》で受動態。

---

will 以外の重要な助動詞として、can/may/must/should があります。

《比較》

can「〜できる」

You **can** do the job better than anyone else.

（あなたは他の誰よりもその仕事をうまくできますよ）

may「〜かもしれない」

Her flight **may** be delayed.

（彼女のフライトは遅れるかもしれません）

＊ can と may には「〜してもよい」という「許可」を表す意味もある。
You **can [may]** bring your dog here.（ここに犬を連れてきてもよいですよ）のように用いる。

must「〜しなければならない」「〜に違いない」

All workers **must** wear safety helmets.

（作業員は誰もが安全ヘルメットを着用しなければなりません）

They **must** be proud of you.

（彼らはあなたのことを誇りに思っているに違いありません）

＊ must は否定で用いるときは must not *do* となり、「〜してはいけない」という強い禁止を表す。You **must not** enter the property.（敷地に立ち入ってはいけません）のように用いる。

should「〜すべきだ」「〜のはずだ」「〜したほうがいい」

I **should** be more focused.

（私はもっと集中しないといけない）

The delivery **should** be here soon.

（まもなく配達が来るはずです）

I think we **should** be more optimistic.

（私たちはもっと楽観的になったほうがいいですね）

副詞の問題です。

選択肢に似た形の単語が並んでいるので、品詞問題かもしれないと考えます。品詞問題の場合、空欄前後が重要になります。

(A)の effective は形容詞「効力を持った、効果的な」、(B)の effect は名詞「効力、効果」、(C)の effectiveness は名詞「有効性」、(D)の effectively は副詞「効果的に」、というのが一般的な理解です。

実は、(A)の effective には形容詞以外に「効力を持って、有効で」という副詞としての用法もあります。

この英文では、nationwide と effective という2つの副詞が change という動詞を修飾していて、will change nationwide effective で「全国的に効力を持って変更になる」という意味になります。したがって、(A)の effective が正解です。

effective 以下は、effective from July 1 という形が正式ですが、from を省略し、effective July 1 の形で使われることが多いです。(D)の effectively も副詞ですが、effectively では文意が通りません。

〈effective＋時や日にちを表す単語〉で「～から効力を持って、～から有効で」という意味になり、ビジネス関連の英文で頻繁に使われるため、仕事で英語を使っている人には簡単な問題です。

■ スラッシュリーディング

As a result of new safety protocols /
安全手順が新しくなることから /

in our food processing plants, /
当社の食品加工工場における /

procedures will change nationwide / effective July 1.
工程が全国的に変更となります / 7月1日から

第9問

次の選択肢の中から正しいものを選びなさい。

Work reports and schedule adjustments are ( ) updated throughout the term of the project.

（パート5徹底攻略・第89問）

(A) exclusively

(B) recently

(C) continually

(D) firmly

ヒント！

Work reports and schedule adjustments / are ( ) updated / throughout the term of the project.

単語の意味

adjustment [ədʒʌ́stmənt] ………調整、調節
update [ʌ̀pdéit] …………………～を更新する、アップデートする
throughout [θruáut] ……………～の間中、～を通してずっと
term [tə́ːrm] …………………………期間

訳

業務報告書とスケジュール調整は、プロジェクト期間を通して継続的に更新されます。

構文解析

> Work reports and schedule adjustments are continually updated throughout the term of the project.

Work reports and schedule adjustments
                    S

副詞が受動態になっている動詞を修飾

are continually updated (throughout the term of the project).
副詞   V   前＋名   前＋名

　SV 文型の文です。動詞部分は are updated（更新される）と受動態になっています。

　ここでは「受動態」について学びます。

FOCUS-18 ——[　　受 動 態 　　]

Work reports and schedule adjustments **are** continually **updated**（業務報告書とスケジュール調整は、継続的に更新されます）という箇所で使われている、are updated に着目します。《be動詞＋過去分詞》の形になっています。他動詞 update には「〜を更新する、アップデートする」という意味がありますが、問題文のように be updated と受動態となると「更新される」という意味になります。

「SはVされる」というようにSが動作を受ける側になる文が「受動態」と呼ばれるものです。対して、「SはVする」というように、Sが動作主として何かをする文は「能動態」と呼ばれます。

能動態を受動態の文に変化させるには、能動態の文の「目的語」を受動態の文の主語にします。さらに、動詞を《be動詞＋過去分詞》の形に変えます。

[They] [updated] [the reports]. （彼らは報告書を更新した）
　S　 V（他動詞）　　　O

[The reports] [were updated] (by them). （報告書が更新された）
　　S　　　　V（受動態）　　　前＋名

目的語 the reports を主語にし、動詞を《be動詞＋過去分詞》の形にすることで、「報告書が更新された」という意味になります。

最後の by them「彼らによって」の部分は、行為者を表す by のあとに人名などが続く場合は省略できませんが、by them のような代名詞であったり、言及することが重要でない場合は省略します。

なお、問題文の **are** continually **updated** の部分に着目すると、副詞 continually（継続的に）が、are と updated の間に挟まれていることがわかります。副詞が置かれる場所には柔軟性がありますが、受動態の文では通例、《be動詞＋副詞＋過去分詞》の語順になります。

受動態ではSVO文型のOの部分が主語にくることが多いですが、SVOO文型の文が受動態になると、どうなるでしょうか。SVOO文型は、最初のO（目的語）に「人」、2番目のOに「モノ」が続く文です。O（人）を主語にした場合には、次のようになります。

Employers should give workers paid leave.
　　S　　　　V　　　　O　　　　O
（雇用主は従業員らに有給休暇を与えるべきです）

この文を受動態にすると、次のようになります。

Workers should be given paid leave (by employers).
　S　　　　V　　　　O　　　　前＋名
（従業員らは雇用主から有給休暇を与えられるべきです）

　もしくは、O（モノ）を主語にもってきた場合には、Paid leave should be given to workers (by employees). という受動態の文になります。目的語の「人」「モノ」、どちらが主語にくるかによって、文が変わってきます。《give＋O（人）＋O（モノ）》は《give＋O（モノ）＋前置詞 to＋O（人）》で言い換えることから、後者の受動態は to workers になっています。

　パート5では受動態について問われる問題が多いです。また、問題として直接問われていなくても、受動態が含まれる問題文がよく登場します。したがって、問題文の内容をしっかりとつかむには、受動態の理解が不可欠です。

　本書に出てくる次の問題文は、受動態が含まれる文の例です。特に《助動詞＋受動態》のパターンがよく出てきます。

---

10. Any registered member of the media **will be permitted** to interview performers, but not without a press pass.
　　　　　　　　　　　　　　　＊《助動詞 will ＋受動態》

12. Please remember that access to the backstage area during a performance **is strictly prohibited** to anyone without a security pass.
　　　　　　＊《be 動詞＋副詞＋過去分詞》の語順に注意。

14. The Talon electric car requires little maintenance and its software systems **are upgraded remotely** throughout the entire life of the vehicle.
　　　　＊この文では《be 動詞＋過去分詞＋副詞》の語順になっている。

18. ACE Electronics, the largest client of DTR Manufacturing, insisted that all machines **be equipped** with internal heat sensors.
＊ insist that 節「〜するように要求する」の節内の動詞は原形（もしくは should ＋原形）になるため、be になっている。

25. Anything purchased online **can be returned** at a retail store as long as the merchandise **is accompanied** by proof of purchase.　　＊《助動詞 can ＋受動態》と現在形の受動態

　他に《完了形＋受動態》、《前置詞＋動名詞の受動態》という難しめのパターンも登場します。これらのパターンは第24/33問で紹介します。

適切な意味の副詞を選ぶ問題です。

選択肢にはさまざまな副詞が並んでいるので、適切な意味の副詞を選ぶ問題だとわかります。英文の意味を考えて文意に合う副詞を選ばなければならないので、語彙問題に似ています。

「業務報告書とスケジュール調整は、プロジェクト期間を通して～更新される」という英文で、「～」部分に入れて文意が通る副詞は何かを考えます。

(C)の continually「継続的に、絶えず」であれば、文意が通ります。

continue「～を継続する」は誰もが知っている動詞なので、continually の意味は簡単に推測できるはずです。

(A)exclusively「全く～のみ、もっぱら」、(B)recently「最近、近ごろ」、(D)firmly「しっかりと、固く」では、文意が通りません。

スラッシュリーディング

Work reports and schedule adjustments /
業務報告書とスケジュール調整は /

are continually updated /
継続的に更新されます /

throughout the term of the project.
プロジェクト期間を通して

第10問

次の選択肢の中から正しいものを選びなさい。

Any registered member of the media will be permitted to interview performers, (　) not without a press pass.

（パート5徹底攻略・第30問）

(A) whether

(B) nor

(C) because

(D) but

ヒント！

Any registered member of the media / will be permitted / to interview performers, / (　) not without a press pass.

単 語 の 意 味

registered [rédʒɪstərd]…………登録された、登録済みの
permit A to 〜………………………A が〜することを許す
performer [pərfɔ́ːrmər]…………出演者、パフォーマー

訳

登録された報道関係者は出演者にインタビューすることができますが、プレスパスをお持ちでない方はできません。

構文解析

> Any registered member of the media will be permitted to interview performers, but not without a press pass.

過去分詞が前から
名詞を修飾　　　　《前＋名》が直前の名詞を修飾

Any registered member (of the media) | will be permitted
S　　　　　　　　　　　　　　　　　　　　V（will＋受動態）

to interview performers,
不定詞

↓ it is が省略
but * not * (without a press pass).
前＋名
↑ permitted to interview performers が省略

　SVOC 文型の文が受動態になっています。permit＋O＋C（不定詞）で「O が〜するのを許す」の意味があります。問題文ではこの O（目的語）が主語に出て、受動態になっている点に注意しましょう。

　ここでは、「過去分詞の前置修飾」と「SVOC（不定詞）の形をとる動詞」について学びます。

FOCUS-19 ──── [　過去分詞の前置修飾　]

any **registered member** of the media（登録された報道関係者はどなたでも）のところで使われている registered member（登録されたメンバー）に着目します。この部分は《過去分詞＋名詞》になっています。

「名詞を修飾するもの」といえば、真っ先に形容詞を思い浮かべる方が多いと思います。ですが、形容詞以外に「分詞」も名詞を修飾できるのです。

動詞の変化した形である「**分詞**」は、「動詞」と「形容詞」の役割を兼ね備えたもので、①**現在分詞（-ing 形）**と②**過去分詞（-ed 形）**の２つがあります。どちらも形容詞のように名詞を修飾することができます。ただし、①は「～する」「～している」という能動的な意味になり、②は「～された」と受け身の意味になることに注意しましょう。

《比較》

現在分詞

　動詞の語尾に -ing をつけたもので、「～する」「～している」と能動的な意味をもつ。

burn（燃える）→ burning（燃えている）

　　　　burning candles（燃えているろうそく）

　　　　↑現在分詞 burning が形容詞的に名詞 candles を修飾

過去分詞

　動詞の語尾に -ed をつけたもので、「～された」と受動的な意味をもつ。

delay（～を遅らせる）→ delayed（遅らされた→遅れた）

　　　　delayed flight（遅延したフライト）

　　　　↑過去分詞 delayed が形容詞的に名詞 flight を修飾

分詞は、基本的に1語で修飾するときは名詞の前に置き、「分詞＋修飾語」の形で修飾するときは通常、名詞のうしろに置きます。前から修飾することを「前置修飾」、うしろから修飾することを「後置修飾」といいます。

《例》
前から修飾（＝前置修飾）

　　a sleeping cat （眠っているネコ）
　　　[現在分詞] [名詞]

　　dumped garbage （捨てられたゴミ）
　　　[過去分詞] 　 [名詞]

うしろから修飾（＝後置修飾）

　　a cat **sleeping on the sofa** （ソファーで眠っているネコ）
　　[名詞] 　 [現在分詞＋修飾語]

　　garbage **dumped by tourists** （観光客に捨てられたゴミ）
　　[名詞] 　 　[過去分詞＋修飾語]

　問題文で使われている registered member（登録されたメンバー）は、registered という過去分詞のあとに修飾語はありません。つまり、1語で使われていて、名詞を前置修飾しています。

　本書の次の問題文では「過去分詞の前置修飾」が登場します。どのような動詞が過去分詞として名詞を前から修飾しているのか見ておきましょう。

---

16. Due to a scheduling conflict, <u>the **invited** guest speaker</u> politely declined our offer to present at next month's conference.　　　　＊「招待されたゲストスピーカー」

28. Belmont Publishing is currently offering a **reduced rate** specifically to encourage people to sign up for a three-year subscription.　＊「割引された料金」→「割引料金」

42. Consultants assigned to the project must complete a non-disclosure form which was sent as an **attached** file in the email.　＊「添付されたファイル」→「添付ファイル」

46. Providing top quality service at affordable prices is what matters the most to the **dedicated** staff at William's Coffee.　＊「献身的なスタッフ」

　また、本書の55問には含まれていませんが、『炎の千本ノック！　パート5徹底攻略』には「過去分詞の前置修飾」を含む英文が複数登場しています。併せて学習しましょう。

76. The results of the latest research were intriguing, so the board of directors has decided to approve the **proposed** market expansion plan.
（最新の調査結果は興味深いものであり、取締役会は**提案されていた市場拡大計画**を承認することにしました）

95. Products labeled "For Adult Use Only" should be kept in a **locked** cabinet and out of reach of children.
（「大人用」と表示された製品は**鍵のかかった**戸棚に保管し、お子様の手が届かぬようにしてください）

128. The **preferred** applicant for the managerial position will have at least five years of experience as a sales representative.
（管理職への**好ましい応募者**は、営業職で最低5年の経験を有することです）

will be **permitted** to interview performers（出演者にインタビューすることができる）で使われている動詞 permit に着目します。permit は SVO（名詞）文型だけでなく、SVOC 文型もとる動詞です。SVOC 文型の場合、C（補語）の場所に不定詞がきます。《permit＋O＋不定詞》で「O が～するのを許す」という意味になります。不定詞の部分が C となり、O は C の意味上の主語になるという関係性です。

| permit | them | to interview |
| V | O | C（不定詞）　「彼らがインタビューするのを許す」|

↑ O は C の意味上の主語

＊ them が interview する、つまり「彼らがインタビューする」ということ。
＊解説にあたり、上の例では問題文の Any registered member of the media 部分を仮で them としています。もしそのまま用いるならば、permit any registered member of the media to interview となります。

なお、「意味上の主語」だからといって、them（目的格）を they（主格）にはしません。あくまでも permit の目的語なので、目的格を続けます。permit と同じように SVOC 文型をとる他動詞を紹介します。

---

allow＋O＋不定詞「O が～するのを許す」

　My boss **allowed** me to work remotely.
　（私の上司は私がリモートで働くのを許してくれた）

cause＋O＋不定詞「O に～させる」

　The snow **caused** some flights to be cancelled.
　（雪でいくつかのフライトがキャンセルとなった）

enable＋O＋不定詞「O が～するのを可能にする」

　The program **enabled** me to gain confidence.
　（そのプログラムのおかげで自信がついた）

encourage＋O＋不定詞「O に～するように奨励する」

The company **encourages** its workers to work from home.

（その会社は従業員に在宅勤務を奨励している）

expect＋O＋不定詞「O が～するだろうと思う」

I **expect** the economy to recover.

（私は経済が回復するだろうと思う）

force＋O＋不定詞「O が～することを強いる」

His illness **forced** him to retire.

（病気のせいで彼は引退せざるをえなかった）

instruct＋O＋不定詞「O に～するよう指示する」

Ed **instructed** them to collect information about the product.

（エドは彼らにその商品の情報を集めるよう指示した）

request＋O＋不定詞「O が～するよう頼む」

She **requested** me to call her back.

（彼女は私に電話を折り返すよう頼んできた）

require＋O＋不定詞「O が～することを要求する」

This job **requires** you to work on weekends.

（この仕事ではあなたは週末に働く必要がある）

接続詞の問題です。

　この問題を解くには**空欄直後に** it is が、not **の後ろに** permitted to interview performers **が省略されていることに気が付かなければなりません。**

　空欄前は節〔S（主語）＋V（動詞）〕です。空欄直後にこれらの省略があると考えると、空欄後も節です。**節と節を結ぶのは接続詞です。**

　選択肢は全て接続詞です。どれが正解かは、どれであれば文意が通るかで判断します。
　空欄前までで「登録された報道関係者は出演者にインタビューすることができる」と言っていて、空欄後に省略部分を補うと「プレスパスをお持ちでない方はインタビューできない」と言っています。

　この2つの節をつないで意味が通るのは、**逆接を表す接続詞である**(D)の but「しかし」しかありません。

　(A)whether「～かどうか」、(B)nor「～もまた…でない」、(C)because「～なので」では文意が通りません。

スラッシュリーディング

Any registered member of the media / will be permitted /
登録された報道関係者は / 許されます /

to interview performers, /
出演者にインタビューすること /

but not without a press pass.
ですがプレスパスをお持ちでない方は許されません

第11問

次の選択肢の中から正しいものを選びなさい。

Although Talbot Industries was planning to offer one of its two interns a full-time position, the manager opted to offer positions to (　).

（パート5徹底攻略・第55問）

(A) another

(B) one another

(C) anyone

(D) both

ヒント！

Although Talbot Industries was planning / to offer one of its two interns / a full-time position, / the manager opted / to offer positions / to (　).

単 語 の 意 味

plan to ～･････････････････････････････～する計画を立てる、～するつもりである
offer [ɔ́ːfər]･････････････････････････～を提供する、与える
opt to ～･････････････････････････････～することを選ぶ

訳

タルボット・インダストリーズでは、2人のインターンのうち1人を正社員として採用する予定でしたが、マネージャーは両者に職を提供することにしました。

構文解析

> **Although Talbot Industries was planning to offer one of its two interns a full-time position, the manager opted to offer positions to both.**

従属節
Although Talbot Industries was planning
　接　　　　S'　　　　　　V'（他動詞）

to offer one of its two interns a full-time position,
O'（不定詞）　offer＋O（人）＋O（モノ）

　　主節
the manager opted to offer positions to both.
　　S　　　V（自動詞）　不定詞　offer＋O（モノ）＋to＋人

　SV文型の文です。opt は自動詞であるため、うしろに目的語はとりません。対して、接続詞 although が導く従属節内は SVO 文型になっています。
　問題文では他動詞 offer が2箇所で登場し、それぞれ《offer＋O（人）＋O（モノ）》と《offer＋O（モノ）＋to＋人》と使われ方が異なります。

　ここでは「他動詞 offer の用法」と「名詞としての one」について学びます。

FOCUS-21 ──[他動詞 offer の用法]

offer one of its two interns a full-time position（2 人のインターンのうち 1 人に正社員のポジションを提供する）と **offer** positions to both（両者に職を提供する）のところで用いられている他動詞 offer に着目します。offer は give と同じように、SVO 文型と SVOO 文型の両方の形をとれる動詞です。SVO 文型のときは、目的語に「モノ」がきますが、SVOO 文型のときには、「人＋モノ」の語順で続きます。

《比較》

offer <u>positions</u> to <u>both</u>
　V　　O（モノ）《to＋人》

→ SVO 文型のときは、offer ＋目的語（モノ）＋《to＋人》の語順。

offer <u>one of its two interns</u> <u>a full-time position</u>
　V　　　　O（人）　　　　　　O（モノ）

→ SVOO 文型のときは、offer ＋目的語（人）＋目的語（モノ）の語順。

---

offer は SVO 文型と SVOO 文型という二つの文型をとることができますが、目的語に入る対象が異なる点をおさえておきましょう。

give や offer と同様に、grant（〜を与える、授与する）も SVO 文型と SVOO 文型の両方をとることができます。本書の次の問題文は《grant＋O（人）＋O（モノ）》が受動態になっています。

---

40. Anyone who was given the Black VIP pass will **be granted** <u>access</u> to the backstage area for the duration of the music awards.

＊O（人）にあたる anyone who was given the Black VIP pass が主語にきている受動態。access が O（モノ）にあたる。

---

one of its two interns（2 人のインターンのうちの 1 人）で使われている one は名詞で、ここでは「1 人」という意味です。《one of the ＋複数名詞》で、「〜のうちの 1 人」の意味です。of the のうしろに複数名詞が続くことに注意しましょう。本書では、次の問題文でも登場します。

---

39. **One** of the advantages of having an office outside the downtown area is the convenient access to the airport for clients who visit us from overseas. ＊「利点のひとつ」

上の例のように、one は「1 人」だけでなく、「ひとつ」も意味します。

なお、うしろに《of the ＋複数名詞》が続く表現として、ほかに、《some of the ＋複数名詞》と《most of the ＋複数名詞》もおさえておきましょう。本書の次の問題文では some と most が登場します。ここでは some「いくつか、何人か」と most「大半、大部分」は代名詞です。

---

15. **Some** of the expressions in the president's speech will be changed because his advisors feel that the language is excessively formal. ＊「表現のうちのいくつか」

22. After **most** of the conference attendees had arrived, organizers asked everyone to go to the Rosewood banquet hall for the opening ceremony. ＊「会議参加者の大半」

なお、one には名詞だけでなく、形容詞と代名詞としての用法もあります。

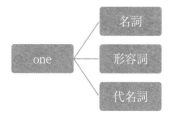

《比較》

名詞「(数字の) 1、1個、1人」

Emily is **one** of the smartest lawyers I have ever met.

(エミリーは私がこれまで出会った中で最も頭が切れる弁護士の1人です)

形容詞「1つ[個、人]の〜；ある〜、いつかの」

I have two smartphones and **one** tablet.

(私はスマートフォンを2台とタブレットを1台持っています)

One day you will find a solution.

(いつの日か、あなたは解決策を見つけるでしょう)

代名詞「(一度出てきた名詞の変わりに使って) 〜なもの」

I'm looking for a tablet. Do you have a lighter **one**?

(タブレットを探しています。より軽いものはありますか)

→ショップでの会話。一文目に出てきた名詞 tablet の代わりに one が使われている。

These glasses are a little big. Do you have smaller **ones**?

(この眼鏡はちょっと大きいです。小さいものはありますか)

→一文目に出てきた名詞 glasses の代わりに ones が使われている。このように複数形の名詞を受ける場合は ones となる。

代名詞の問題です。

選択肢には全て代名詞として使える語が並んでいます。空欄前は前置詞の to です。前置詞 to の後ろに代名詞を置くことはできるので、どれが正解かは英文の意味を考えなければなりません。

コンマより前は Although Talbot Industries was planning to offer one of its two interns a full-time position「タルボット・インダストリーズでは、2 人のインターンのうち 1 人を正社員として採用する予定だったが」とあり、接続詞 Although に続いているので、コンマ以降は逆の意味になるはずです。
そうなると、コンマ以降では「どちらも採用しなかった」か「どちらも採用した」という内容が続くと考えられます。選択肢には否定の代名詞がないため、後者の「どちらも採用した」が正解だとわかります。
選択肢の中で、「(二者の中で)どちらも」の意味を表せるのは、both だけです。したがって、(D)の both が正解です。

(A)another「もう 1 人」、(B)one another「お互い」、(C)anyone「誰でも」では、文意が通りません。

Although Talbot Industries was planning /
タルボット・インダストリーズでは予定していましたが /

to offer one of its two interns /
2 人のインターンのうち 1 人にオファーすることを /

a full-time position, /
正社員のポジションを /

the manager opted / to offer positions / to both.
マネージャーは選びました / 職を提供することを / 両者に

第12問

次の選択肢の中から正しいものを選びなさい。

Please remember that (　) to the backstage area during a performance is strictly prohibited to anyone without a security pass. （パート5徹底攻略・第63問）

(A) access

(B) accessible

(C) accessing

(D) accessibility

ヒント！

Please remember / that (　) to the backstage area / during a performance / is strictly prohibited / to anyone / without a security pass.

単 語 の 意 味

remember [rɪmémbər]……………〜を念頭に置く、思い出す
strictly [stríktli]………………… 厳しく、厳重に
prohibit [prouhíbət]………………〜を禁止する

答 え (A) access

訳

セキュリティパスをお持ちでない方の公演中の舞台裏への立ち入りは、固くお断りいたします。

構文解析

> Please remember that access to the backstage area during a performance is strictly prohibited to anyone without a security pass.

Please remember
副　　V（他動詞）

[that access (to the backstage area during a performance)
O（that節） S'　　　前＋名　　　　　　前＋名

is strictly prohibited (to anyone without a security pass)].
V'　副　　　　　　　　前＋名　　　　前＋名

　副詞 please から始まる命令文です。他動詞 remember の目的語として that 節が続いています。その that 節内は、SV 文型になっています。V' の部分は is prohibited と受動態です。

　ここでは「接続詞 that」と「that 節を目的語にとる他動詞」と「代名詞 anyone」について学びます。

FOCUS-23 —— [接続詞 that]

　that には多彩な役割があります。具体的には「指示代名詞」「形容詞」「副詞」「接続詞」「関係代名詞」「関係副詞的な用法」として働きます。

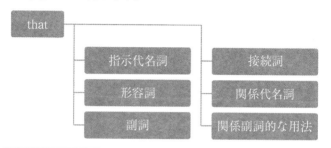

《比較》

指示代名詞「それ、あれ」

　　That is a good question.
　　（それはいい質問ですね）

形容詞「その、あの」

　　That car is cool.
　　（あの車、かっこいい）
　　→うしろの名詞 car を修飾。

副詞「そんなに」

　　The situation is not **that** bad.
　　（状況はそんなに悪くない）
　　→うしろの形容詞 bad を修飾。

接続詞「～ということ」

　　Remember **that** our time is limited.
　　（私たちの時間には限りがあることを覚えておいて）
　　→ that が導く名詞節 that our time is limited 全体が他動詞 remember
　　　「～を覚えておく」の目的語になっている。

関係代名詞「〜するところの」

I was impressed by the speech **that** Mary gave.
（私はメアリーのしたスピーチに感銘を受けた）

→ that が導く関係詞節 that Mary gave が直前の先行詞 the speech をうしろから修飾。上の例のような目的格の that は省略可能。

関係副詞的な用法「〜する」

Since the day **that** Tony joined our company, he has had a positive influence on the team.
（トニーが当社に加わってからというもの、彼はチームに良い影響を与えている）

→関係副詞は一般的に where/when/why/how の4種類だが、where/when/why の代わりに that が用いられることもある。この場合の that は省略可。

　問題文の Please remember **that** ... のところで使われているのは、接続詞の **that** です。接続詞 that は「〜ということ」という意味で「名詞節」（＝名詞と同様の働きをする節）を導き、他動詞の目的語になったり、文の中でS（主語）やC（補語）になったりします。なお、動詞のうしろにくる接続詞 that は省略可能です。

FOCUS-24 ──[that 節を目的語にとる他動詞]

　他動詞 remember は「〜を覚えている、思い出す」という意味で SVO 文型をとりますが、問題文のように that 節を目的語にとることもある点に注意が必要です。

　パート5では他動詞に続く接続詞の that を問う問題が頻繁に出題されます。本書の次の問題文をチェックし、どのような他動詞が that 節を導くのか確認しておきましょう。

agree「〜に同意する」＋that 節

19. Most fans of the movie series *Diamond Dan* **agree that** the latest film, *Adventures in the Sea*, is the best one yet.

decide「～と決定する」＋that 節

44. Elgin town council members **decided that** residents whose houses were built before 2010 would not be affected by the new regulation.

ensure「～を確実にする」＋that 節

43. The information technology team promised to develop a strategy that will **ensure** * our network remains secure at all times. 　　　　　　*部分に that が省略されている。

feel「～と思う、～だと感じる」＋that 節

15. Some of the expressions in the president's speech will be changed because his advisors **feel that** the language is excessively formal.

insist「～を要求する」＋that 節

18. ACE Electronics, the largest client of DTR Manufacturing, **insisted that** all machines be equipped with internal heat sensors.
　　　　　　　　* insist that 節内の動詞は原形である点に注意。

show「～を示す」＋that 節

20. Consumer reports **show that** the XL9 by SunScreen Industries is without doubt its most affordable smartphone yet.

FOCUS-25 ──[　　代名詞 anyone　　]

　is strictly prohibited to **anyone**（誰にとっても厳しく禁じられている）で使われている代名詞 anyone に着目します。anyone は問題文のように肯定文で使われるときは「誰でも」の意味です。対して、疑問文のときは Does **anyone** have any questions ?（どなたかご質問はありませんか）のように「誰か」という意味で使われます。また、否定文の場合は、I didn't know **anyone** in the party.（そのパーティーでは私は誰も知りませんでした）のように「誰も（～ない）」の意味となります。

名詞の問題です。

選択肢の形が似ているので、品詞問題かもしれないと考えましょう。品詞問題では空欄前後が重要になります。

他動詞 remember の後ろには、remember の目的語の that 節 [that + S（主語）＋ V（動詞）] が続いています。

この S にあたる部分が（ ）to the backstage area で、V にあたる部分が is strictly prohibited です。during a performance 部分は修飾語です。

主語は名詞句になるはずです。接続詞 that に続く（ ）to the backstage area が名詞句になるにはどうすればいいのかを考えます。

to the backstage area 部分は〈前置詞＋名詞句〉と修飾語なのでこの部分をカッコでくくると、空欄には名詞が入るとわかります。

正解は (A) の access「近づくこと、アクセス」です。(D) の accessibility も名詞ですが「近づきやすさ」という意味なのでここでは使えません。access には名詞以外に動詞としての用法もあります。

スラッシュリーディング

Please remember / that access to the backstage area /
覚えておいてください / 舞台裏へのアクセス /

during a performance / is strictly prohibited /
公演中の / 厳しく禁じられています /

to anyone / without a security pass.
誰にとっても / セキュリティパスなしで

第13問

次の選択肢の中から正しいものを選びなさい。

All movies will be shown at the scheduled times ( ) there are no audience members in the theater.

（パート5徹底攻略・第124問）

(A) concerning
(B) once
(C) even if
(D) so that

ヒント！

All movies will be shown / at the scheduled times / ( ) there are no audience members / in the theater.

単語の意味

scheduled time·················· 予定時間
audience member·············· 観客
theater [θíːətər]····················· 劇場

訳

たとえ劇場に観客がいなくても、すべての映画は予定された時間帯に上映されます。

構文解析

> **All movies will be shown at the scheduled times even if there are no audience members in the theater.**

主節

All movies	will be shown	(at the scheduled times)
S	V（助動詞＋受動態）	前＋名

if 節が導く従属節

even if there are no audience members (in the theater).
副　接　副　V'　　S'　　　　　　　　　前＋名

　SV 文型の文です。if 節が導く従属節の中では、there is [are] 〜構文が使われています。

　ここでは「形容詞 all と no の用法」、ならびに「there is [are] 〜構文」について学びます。

FOCUS-26 ———[形容詞としての all]

　問題文に出てくる **all** movies（すべての映画）のところで使われている all に着目します。ここでは形容詞 all として用いられ、うしろに続く名詞 movies を修飾しています。all は3つの品詞として働く語です。

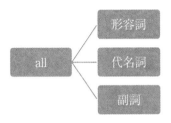

《比較》

形容詞「すべての〜、全部の〜」

　<u>**All** the employees</u> had to work remotely.
　（その従業員らは、全員リモート勤務をしなければならなかった）

→可算名詞の場合は、複数形が続く。また、定冠詞 the と一緒に用いるときは、その前に置く点に注意。

　They lost <u>**all** their money</u>.
　（彼らはお金を全て失った）

→不可算名詞の場合は、all のうしろでも -(e)s はつけない。また、their のような代名詞の所有格と一緒に用いるときは、その前に置く。

代名詞「（単数扱いで）すべて、全部、（複数扱いで）全員」

　<u>**All**</u> survived the accident.
　（その事故では全員が生き残った）

　<u>**All** of us</u> will support you.
　（私たち全員があなたをサポートしますよ）

　<u>**All** of the members</u> were present at the meeting.
　（メンバー全員がそのミーティングに参加した）

→「all of the＋名詞」となる。the を抜かして all of members とは言えない点に注意。なお、all the members という言い方もできるが、このときの all は形容詞で「形容詞 all＋the＋名詞」となる。

副詞「全く、すっかり」

　　Let's dance **all** together.

　　（みんなで一緒に踊りましょう）

　→うしろに続く副詞 together を修飾している。

　　本書の次の問題文でも、「形容詞としての all」が登場しています。

---

18. ACE Electronics, the largest client of DTR Manufacturing, insisted that **all machines** be equipped with internal heat sensors.　　＊「すべての機械」

　　また、本書で取り上げた 55 問には含まれていませんが、『炎の千本ノック！　パート 5 徹底攻略』には「代名詞としての all」を含む英文が登場しています。

---

72. Wellington Foods announced that it will replace **all of its gas-powered delivery trucks** with electric vehicles by the end of this year.

（ウェリントンフーズは、年内にすべての配送用トラックをガソリン車から電気自動車に切り替えると発表しました）

＊「all of ＋代名詞の所有格＋名詞」となっている。「all of the ＋名詞」以外にこのパターンもある。

FOCUS-27 ——[　「否定」の形容詞 no　]

　　there are **no** audience members（観客がいない）のところで使われている no に着目します。ここでの no は形容詞で、うしろに続く名詞 audience members を修飾しています。「1 人［ひとつ］の〜もない」という意味です。形容詞 no は可算／不可算名詞どちらもうしろに続けることができます。

《比較》
no＋可算名詞

　Tom has **no** brothers.
　（トムには兄弟が1人もいない）

no＋不可算名詞

　I had **no** time to review it.
　（私にはそれを見直す時間がなかった）

　『炎の千本ノック！　パート5徹底攻略』には「形容詞としての no」を含む英文が登場しています。

79. The consulting team concluded that **no action** should be taken without careful consideration of how decisions would affect shareholders.
（決定事項が株主にどのような影響を与えるのかを熟慮せずに行動を起こすべきでないとコンサルティングチームは結論づけました）

　なお、no には形容詞以外に、副詞としての用法もあります。副詞としての no で重要な用法は、比較級の前に置いて、「少しも～ない」という意味になることです。特に、副詞 long の比較級 longer とセットで用いられる成句 no longer（もはや～ない［～ではない］）はおさえておきましょう。この表現は、動詞、形容詞、名詞と一緒に使われます。

《比較》
no longer＋動詞

　Amy **no longer** works there.
　（エイミーはもはやそこでは働いていない）

no longer＋形容詞

　The item is **no longer** available online.
　（その商品はもはやオンラインでは入手できかねます）

no longer＋名詞

She is **no longer** our employee.
（彼女はもはや当社の従業員ではありません）

『炎の千本ノック！　パート5徹底攻略』には〈no longer＋動詞〉を含む英文が登場しています。

86. Forest City Renovations **no longer** accepts credit card payment, but most other forms of cashless transactions are available.
（フォレスト・シティ・リノベーションズでは、クレジットカード支払いはもはや受け付けておりませんが、その他ほとんどの形態のキャッシュレス決済がご利用いただけます）

その他、no には名詞としての用法もあります。名詞としては「否定、拒絶」の意味があります。例えば、Annie says no to everything.（アニーは何にでも嫌だと言う）のように使われます。

このように、no には形容詞・副詞・名詞としての用法があることを知っておきましょう。

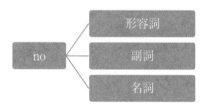

FOCUS-28 ──[there is[are] 〜構文]

there are no audience members in the theater（劇場に1人も観客がいない）で使われている「there is [are] 〜構文」に着目します。「〜がある、〜がいる」の意味があります。この構文では、be 動詞のあとにS（主語）となる名詞が続きます。その名詞が上記の members のように複数形のときは、be 動詞は are [were] になります。対して、単数形のときは is [was] となります。there は副詞ですが、この構文では「そこに［へ］」という意味にはなりませんので、注意してください。

『炎の千本ノック！　パート5徹底攻略』には「there is [are] 〜構文」を含む英文が2問登場しています。併せて学習しましょう。

---

46. Many park visitors still like to explore the trails on foot, but **there has been** an increase in the number of cyclists this season.

（公園の訪問者の多くは依然として徒歩でトレイルを散策することを好みますが、今シーズンはサイクリストの数が増加しています）

→このように《there＋現在完了形》の形でも用いられることに注意。主語に an increase という単数がきているため、has been となっている。

68. Although **there is** a mandatory meeting scheduled for tomorrow morning, all employees who have appointments with clients will be excused.

（明日の朝に参加必須の会議が予定されていますが、クライアントとの予約がある従業員は全員出席が免除されます）

接続詞の問題です。

文頭から空欄までも、空欄以降も節 [S（主語）＋V（動詞）] です。**節と節を結ぶのは接続詞です。**選択肢の中で(A)の concerning だけが前置詞で、他は接続詞の用法があります。

(B)once、(C)even if、(D)so that のどれが正解かは、どれであれば文意が通るかで判断します。

空欄前まで「すべての映画は予定された時間帯に上映される」と言っていて、空欄以降では「劇場に観客がいない」と言っています。
この２つの節をつないで意味が通るのは、(C)の even if「たとえ〜でも」しかありません。

even if は接続詞の if に if を強調する副詞の even「〜でさえ、〜でも」が付いたもので、even if で「たとえ〜でも」という意味になります。

(B)once は「いったん〜すると、〜するとすぐに」、(D)so that は「〜するように」という意味の接続詞ですが、これらでは文意が通りません。

All movies will be shown / at the scheduled times /
すべての映画は上映されます / 予定された時間帯に /

even if there are no audience members / in the theater.
たとえ観客がいなくても / 劇場に

第14問

次の選択肢の中から正しいものを選びなさい。

The Talon electric car requires little maintenance and its software systems are upgraded remotely ( ) the entire life of the vehicle.　(パート5徹底攻略・第93問)

- (A) considering
- (B) as of
- (C) throughout
- (D) along with

ヒント！

The Talon electric car / requires little maintenance / and / its software systems / are upgraded remotely / ( ) the entire life of the vehicle.

単 語 の 意 味

require [rɪkwáɪər]‥‥‥‥‥‥‥‥‥‥〜を必要とする、求める
maintenance [méɪntənəns]‥‥‥‥ メンテナンス、整備、保守管理
upgrade [ʌ́pgrèɪd]‥‥‥‥‥‥‥‥‥‥〜の性能を高める、〜をアップグレードする
remotely [rɪmóʊtli]‥‥‥‥‥‥‥‥‥ 遠く離れて、遠隔で
vehicle [víːəkl]‥‥‥‥‥‥‥‥‥‥‥ 車、自動車

答え (C) throughout

訳

タロン電気自動車はメンテナンスをほとんど必要とせず、ソフトウェアシステムは車の全寿命期間を通してリモートでアップグレードされるようになっています。

構文解析

> The Talon electric car requires little maintenance and its software systems are upgraded remotely throughout the entire life of the vehicle.

The Talon electric car	requires	little maintenance
S	V	O（名）

副詞が動詞を修飾

and its software systems | are upgraded | remotely
接　S　　　　　　　　　　　　V（受動態）　　　副

(throughout the entire life of the vehicle).
　前＋名　　　　　　　　前＋名

　SVO 文型の節と SV 文型の節を等位接続詞 and が結びつけています。

　ここでは「形容詞としての little」について学びます。

FOCUS-29 ──[形容詞としての little]

The Talon electric car requires **little** maintenance（タロン電気自動車はメンテナンスをほとんど必要としない）のところで使われている little に着目します。

little は形容詞、副詞、代名詞として用いることができる単語です。

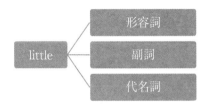

ここでは形容詞としての little に着目しますが、形容詞 little の中にも大きく分けて３つの用法があります。

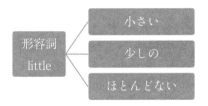

それぞれの使い方を見ていきます。

《比較》

「小さい」

Bob opened a **little** cafe.
（ボブは小さなカフェを開いた）

「(肯定的に) 少しの」
《a little＋不可算名詞》の形で使う。

Do you have **a little** time?
（ちょっとお時間あるでしょうか）

「(否定的に) ほとんどない」
《little＋不可算名詞》の形で使う。

I have **little** money to invest.
（私には投資にまわすお金がほとんどない）

問題文で使われている名詞 maintenance「メンテナンス、保守」は不可算名詞です。したがって、requires little maintenance で「メンテナンスをほとんど必要としない」という意味になるわけです。このように a がないときは、「ほとんどない」という意味合いになることに注意しましょう。

なお、可算名詞とセットで使い、「少しの」や「ほとんどない」を意味するのは few です。

《比較》
a few＋可算名詞：「少しの」

The company has **a few** branches in China.
（その会社は中国にいくつか支店がある）

few＋可算名詞：「ほとんどない」

There were **few** cashiers.
（レジ係がほとんどいなかった）

ちなみに、little の対義語は much で、few の対義語は many です。much は不可算名詞、many は可算名詞と一緒に用います。

《比較》

much＋不可算名詞

　Our house doesn't have **much** space.
　（私たちの家にはあまりスペースがない）

many＋可算名詞

　The house has **many** rooms.
　（その家には部屋がたくさんある）

前置詞の問題です。

空欄前は完全文(S+V)になっているので、空欄後は修飾語だとわかります。

空欄後は名詞句が続いているので、空欄には前置詞を入れて、〈前置詞＋名詞句〉の形にすればいいはずです。

選択肢は全て前置詞の働きがあるので、4つとも候補になります。

(A)の considering は「～を考慮すれば、～のわりには」

(B)の as of は「～現在で、～以降は」

(C)の throughout は「～を通して、～の間中、～の至る所で」

(D)の along with は「～と一緒に、～に加えて」という意味です。

どれが正解かは、英文の意味を考えなければなりません。

「タロン電気自動車はメンテナンスをほとんど必要とせず、ソフトウェアシステムは車の全寿命～リモートでアップグレードされる」という英文で、「～」部分に入れて意味が通るのは(C)throughout「～の間中」しかありません。throughout を入れれば「車の全寿命期間を通して」となり、文意が通ります。

スラッシュリーディング

The Talon electric car / requires little maintenance /
タロン電気自動車は / メンテナンスをほとんど必要とせず /

and / its software systems /
そして / そのソフトウェアシステムは /

are upgraded remotely /
リモートでアップグレードされるようになっています /

throughout the entire life of the vehicle.
車の全寿命期間を通して

第15問

次の選択肢の中から正しいものを選びなさい。

Some of the expressions in the president's speech will be changed because his advisors feel that the language is (　) formal. (パート5徹底攻略・第125問)

(A) excessively

(B) exceed

(C) excessive

(D) excess

ヒント！

Some of the expressions / in the president's speech / will be changed / because his advisors feel / that the language is (　) formal.

単語の意味

expression [ɪkspréʃən]……… 表現、言い回し
language [lǽŋgwɪdʒ]……… 言葉、言語
formal [fɔ́ːrml]……………… 形式ばった、硬い

答え (A) excessively

訳

言葉が硬すぎると大統領補佐官が感じているため、大統領演説の表現の一部は変更される予定です。

構文解析

> Some of the expressions in the president's speech will be changed because his advisors feel that the language is excessively formal.

主節

Some	(of the expressions	in the president's speech)
S	前＋名	前＋名

従属節

will be changed	because	his advisors	feel
V（助＋受動態）	接	S'	V'

that	the language	is	excessively	formal.
O'（that 節）	S"	V"	副	C"（形）

SV 文型の文です。because が導く従属節の中は、SVO 文型となっており、O' にあたるのが that 節です。さらに、that 節内は SVC 文型で、C（補語）のところに形容詞がきています。

ここでは「代名詞としての some」と「従属接続詞 because」について学びます。

FOCUS-30 ──[代名詞としての some]

some of the expressions（表現の一部）のところで使われ
ている some に着目します。 some は代名詞、形容詞、副詞
として用いることができる単語です。特に代名詞と形容詞と
しての some が重要です。

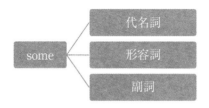

　問題文の some は「一部、いくらか」の意味合いで、代名
詞として用いられています。通例、some は肯定文で用いら
れます。では、代名詞と形容詞の用いられ方の違いを確認し
ておきましょう。

《比較》
代名詞「一部、いくらか；ある人たち」

　Some of the slides need to be updated.
　（スライドのいくつかはアップデートする必要がある）

→《some of the ＋名詞》になっている点に注意。some of slides とは
　言わない。

　Some agreed and others disagreed.
　（賛成した人もいれば、反対した人もいた）

→ some と others が対になっている。

形容詞「一部の、いくらかの」

　I downloaded **some** e-books.
　（私は何冊か電子図書をダウンロードした）

　Tom has **some** money to invest.
　（トムは投資するお金がいくらかある）

→うしろには、可算名詞の複数形か不可算名詞を続けることができる。

---

because his advisors feel that the language is excessively formal（言葉が硬すぎると大統領補佐官が感じているため）のところで使われている接続詞 because に着目します。because は「〜なので」という意味で、「理由」を表しています。

and/but/or といった等位接続詞が前後の「節」（＝ SV を含む 2 語以上のかたまり）を対等な関係で結びつけるのに対して、because は「従属接続詞」と呼ばれるもので、従属節を導きます。

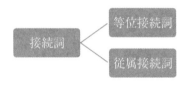

従属接続詞は「主節」と「従属節」を結びつけます。「主節」のほうは英語では main clause と表しますが、文字通りメインの節です。対して、「従属節」は subordinate clause といいます。形容詞 subordinate には「従属的な、下位の」という意味があります。つまり、「主節」をサポートする役割をしていると考えてみてください。

なお、従属節だけでは文として成り立ちません。つまり、Because his advisors feel that the language is excessively formal.（言葉が硬すぎると大統領補佐官が感じているため）だけでは、英語の文として成り立っていないということです。

＊ただし、Why didn't you attend the workshop?（なぜ、ワークショップに参

加しなかったのですか）のように会話で Why で尋ねられた場合には、Because 節だけで答えても OK です。

　従属接続詞には、本問の because 以外に、「時」を表す when、「譲歩」を表す although、名詞節を導く that など、いろいろあります。本書では次の問題文に従属接続詞が登場します。確認しておきましょう。

---

although「〜だが、〜にもかかわらず」

11. **Although** Talbot Industries was planning to offer one of its two interns a full-time position, the manager opted to offer positions to both.

＊though も同じ意味で用いる。though のほうがやわらかめの語。

if「たとえ〜でも、もし〜ならば」

13. All movies will be shown at the scheduled times even **if** there are no audience members in the theater.

＊if の直前に置かれた副詞 even が意味を強めている。

that「〜ということ」(名詞節を導く)

20. Consumer reports show **that** the XL9 by SunScreen Industries is without doubt its most affordable smartphone yet.

47. Employees are reminded **that** time sheets are due on the last Friday of the month or the last day of the month, whichever comes first.

＊上の2つの例はいずれも that 節が他動詞の目的語になっている。

after「〜した後で」

22. **After** most of the conference attendees had arrived, organizers asked everyone to go to the Rosewood banquet hall for the opening ceremony.

since「〜して以来」

45. Forest Logistics is moving beyond the outdated distribution system it has had in place **since** the company was founded.

＊ since 節の中は過去形になっていて、it has had in place の部分は現在完了形になっている点に注意。

ほかにも覚えておきたい従属接続詞があります。本書で取り上げた 55 問には含まれていませんが、『炎の千本ノック！パート 5 徹底攻略』に出てきた問題文を使って確認しておきましょう。

once「いったん［一度］〜すると」

16. **Once** the mayor explained why a tax increase was necessary, the response from local residents had changed almost completely.

（市長がなぜ増税が必要かを説明するとすぐに、地元住民からの反応がほぼ完全に変わりました）

until「〜するまでずっと」

45. Because of a computer malfunction, Privy Foods had to temporarily halt operations **until** a diagnostic check could be performed.

（コンピューターの不具合のためプリビー・フーズでは、診断チェックができるまで一時的に操業を停止しなければなりませんでした）

＊ till にも同じ意味があり、until よりやわらかめの語。

whereas「〜であるのに（対して）」

49. Customer volume in Rideau Mall is high at the beginning and end of each month, **whereas** the middle of the month tends to have less foot traffic.

（リドーモールの顧客数は、毎月上旬と下旬に多くなる一方で、中旬は人の往来が少なくなる傾向にあります）

while 「〜する間は」

113. Please ask all employees in Stanley Tower to enter the building through the service entrance **while** the lobby is being renovated.

（ロビーの改修中は、全ての従業員にスタンレータワーの通用口から入館してもらうようにしてください）

＊上記の意味で使うときは、進行形と一緒に使われることが多い。また、whereas「〜であるのに（対して）」と同じような意味で使われることもある。

though 「〜だが、〜にもかかわらず」

121. **Though** it is costly, the XP shipping option is perfect for clients who have important deliveries that need to be expedited.

（料金は上がりますが、XP 配送は、急送する必要のある重要な配達物がおありのお客様にはぴったりです）

　　　＊ although も同じ意味合いだが、though よりかための語。

as 「〜なので」

141. In order to maintain the quality of all food products, carefully read instructions on labels **as** improper storage can cause products to deteriorate.

（不適切な保管は商品の劣化を招く恐れがありますので、あらゆる食品の品質維持のため、ラベルの注意書きをよくお読みください）

＊「〜なので」という「理由」以外に、「〜するときに」という「時」を表す用法もある。

副詞の問題です。

選択肢に似た形の単語が並んでいるので、品詞問題かもしれないと考えます。品詞問題の場合、空欄前後が重要になります。

この英文の空欄前は be 動詞の is で、空欄後には状態を表す形容詞の formal が続いています。**形容詞を修飾するのは副詞**なので、副詞の(A) excessively「**過度に、過大に**」を選べば正しい英文になります。

副詞は形容詞、動詞、他の副詞、副詞句、節、文全体を修飾します。

Some of the expressions / in the president's speech /
表現の一部は / 大統領演説の中の /

will be changed / because his advisors feel /
変更される予定です / 彼 (＝大統領) の補佐官が感じているため /

that the language is excessively formal.
言葉が硬すぎる

第16問

次の選択肢の中から正しいものを選びなさい。

Due to a scheduling conflict, the invited guest speaker (　) declined our offer to present at next month's conference.

（パート5徹底攻略・第2問）

(A) precisely

(B) politely

(C) moderately

(D) relatively

ヒント！

Due to a scheduling conflict, / the invited guest speaker / (　) declined our offer / to present / at next month's conference.

単 語 の 意 味

due to ～‥‥‥‥‥‥‥‥‥‥‥～のせいで、～が原因で
scheduling conflict‥‥‥‥‥スケジュールの調整がつかないこと
decline [dɪkláɪn]‥‥‥‥‥‥‥‥～を断る、辞退する
present [prɪzént]‥‥‥‥‥‥‥発表する

答え (B) politely

訳

招待されていたゲストスピーカーは、来月の会議で発表をするというオファーをスケジュール調整がつかないために丁重に断りました。

構文解析

> Due to a scheduling conflict, the invited guest speaker politely declined our offer to present at next month's conference.

(Due to a scheduling conflict,)
　　　群前置詞＋名

the invited guest speaker	politely	declined	our offer
S	副	V	O（名）

(to present at next month's conference).
不定詞の形容詞用法　　　前＋名

　文頭に「群前置詞＋名詞」がある、SVO 文型の文です。副詞 politely は直後の動詞 declined を修飾しています。また、to present 以下の不定詞句は直前の名詞 our offer を修飾する形容詞用法です。

　ここでは「群前置詞」について学びます。

FOCUS-32 ──〔　　　　群前置詞　　　　〕

　前置詞には、1語の前置詞（at や in など）以外に、「群前置詞」と呼ばれるものがあります。

　「群前置詞」とは due to のように2語以上からなるもので、1語の前置詞と同等の働きをします。問題文で使われている due は、単体では形容詞で「期日がきて、到着予定で」といった意味があります。それが due to の形になると、「～のために、～が原因で」という意味になります。同様の意味をもつ群前置詞として、because of / owing to / on account of もおさえておきましょう。いずれもパート5で出題されます。

　問題文では due to a scheduling conflict のように、群前置詞のあとには名詞が続いています。それ以外に、動名詞を続けることもあります。《群前置詞＋動名詞》については本書の第36問で取り上げます。

> 36. **In addition to** having the most luxurious hotel rooms in the city, Cedar Estate also prides itself on having the renowned Max's restaurant.

　本書で取り上げた55問には含まれていませんが、『炎の千本ノック！　パート5徹底攻略』（2021年刊行）は群前置詞が多数登場しています。併せて学習しましょう。

---

as of「～以降」

120. **As of** next week, all junior accountants will be dedicated exclusively to assisting clients who are trying to meet the March 31 tax deadline.
（来週以降、全ての会計士補は、3月31日の納税期限に間に合わせようとしているクライアントをサポートすることだけに専念します）

according to 「〜によると」

67. **According to** a Westman Consulting spokesperson, new regulations regarding the secure storage of client data will go into effect starting May 1.

（ウェストマン・コンサルティングの広報担当者によると、顧客データの安全な保存方法に関する新条例は5月1日から施行されます）

137. **According to** the travel guidebook, the Wilmington walking tour that goes through the town's historic district is a worthwhile experience.

（旅行ガイドブックによると、街の歴史地区を回るウィルミントンのウォーキングツアーは価値のある体験だそうです）

instead of 「〜の代わりに」

131. **Instead of** hosting the exhibition at the Davidson Conference Center, this year's event will be held online.

（デビッドソン・カンファレンスセンターでの展示を主催する代わりに、今年のイベントはオンライン上で開かれます）

＊《群前置詞＋動名詞》のパターン。

because of 「〜が原因で、〜のため」

25. **Because of** the strong economy, analysts forecast that commercial rental prices are likely to rise significantly as early as next year.

（好景気のため、早ければ来年に商業用賃貸料が大幅に上昇する可能性があるとアナリストは予測しています）

28. Dallas was chosen to host the World Junior Tennis Championships **because of** its proximity to numerous sporting venues.

（ダラスは数々のスポーツ会場に近いことから、世界ジュニアテニス選手権の開催地に選ばれました）

due to「～のために、～が原因で」

107. **Due to** a shortage of drivers, our express delivery service is unavailable, so customers should expect shipments to take up to six days.

（ドライバー不足のため、速配サービスはご利用いただけませんので、発送までに最大で6日かかることをお客様はご承知おきください）

122. **Due to** time constraints, event organizers had to eliminate certain presentations scheduled in the original conference plan.

（時間的な制約のため、イベント主催者は元の会議計画で予定されていた発表の一部を削除しなければなりませんでした）

適切な意味の副詞を選ぶ問題です。

選択肢にはさまざまな副詞が並んでいるので、適切な意味の副詞を選ぶ問題だとわかります。英文の意味を考えて文意に合う副詞を選ばなければならないので、語彙問題に似ています。

空欄直後の declined「断った」が大きなヒントになります。力がある人は (　) declined 部分をチェックするだけで正解が (B) の politely「丁寧に」だとわかります。decline には「(〜を丁寧に) 断る」という意味があります。politely decline「丁重に断る」という表現はよく使われます。

decline は他にも「下落する、下降する」という意味があり、この意味でしか知らない人は間違えます。

確認のために英文の意味をチェックします。

「招待されていたゲストスピーカーは、来月の会議で発表をするというオファーをスケジュール調整がつかないために丁重に断った」となり、文意は通ります。

(A) precisely「正確に、精密に」、(C) moderately「適度に、穏やかに」、(D) relatively「比較的に、相対的に」では、どれも文意が通りません。

スラッシュリーディング

Due to a scheduling conflict, /
スケジュール調整がつかないため /

the invited guest speaker /
招待されていたゲストスピーカーは /

politely declined our offer / to present /
われわれのオファーを丁重に断りました / 発表する /

at next month's conference.
来月の会議で

第17問

次の選択肢の中から正しいものを選びなさい。

This year's new hire training includes an innovative one-to-one mentoring program, so it will be more (　).

(パート5徹底攻略・第144問)

(A)　qualified

(B)　trustworthy

(C)　mutual

(D)　interactive

ヒント！

This year's new hire training / includes an innovative one-to-one mentoring program, / so / it will be more (　).

単語の意味

new hire··································	新入社員
include [ɪnklúːd]······················	～を含める
innovative [ínəvèɪtɪv]···············	革新的な、創造力に富む
one-to-one [wʌ́ntəwʌ́n]···········	1対1の
mentoring program···········	社内指導教育プログラム

訳

今年の新入社員研修には革新的な1対1の社内指導教育プログラムが組み込まれており、よりインタラクティブになります。

構文解析

> This year's new hire training includes an innovative one-to-one mentoring program, so it will be more interactive.

This year's new hire training | includes
　　　　　　S　　　　　　　　　　　　V

an innovative one-to-one mentoring program,
　　　　　　　　O（名）

it=the training
so | it | will be | more interactive.
接　S　　V　　　　C（形）

　SVO文型とSVC文型になっている二つの「節」を接続詞 so が結びつけています。

　ここでは「比較級」と「等位接続詞としての so」について学びます。

FOCUS-33 ───[　　　　　比較級　　　　　]

　it will be **more** interactive（それはよりインタラクティブになる）のところで使われている more に着目しましょう。

ここでの more は副詞で、「もっと～、より～」という意味
があります。問題文では《副詞 more ＋形容詞》の形でうし
ろにきている形容詞を修飾しています。

　形容詞や副詞は、fast-faster-the fastest のように「原級—
比較級 (-er)—最上級（the -est）」と単語自体を変化させるこ
とで、「比較（より～）」や「最上（最も～）」の意味を帯び
ます。ですが、もうひとつ、単語の形を変えるのでなく、
more や most を単語の前に付け加えることで比較級・最上
級をつくるケースがあります。いくつかの例外はあります
が、2 音節以上の単語は、基本的に more/the most を前につ
けます。

　例えば、問題文に出ている形容詞 interactive は音節で区
切ると、《in・ter・ac・tive》と 4 音節になります。

《比較》
fast → 1 音節
fast**er**（比較級）－ **the** fast**est**（最上級）

in・ter・ac・tive → 4 音節
more interactive（比較級）－ **the most** interactive（最上級）

　『炎の千本ノック！　パート 5 徹底攻略』の次の問題文で
は、原級に -er をつけるタイプの形容詞が登場しています。

---

44. By focusing its marketing on an **older** clientele, Kane
Clothiers was able to expand its customer base by nearly
30%.
（年配の顧客に絞ってマーケティングを行ったことにより、ケイン・
クロージャーズは顧客ベースを 30％近く拡大することができました）

　なお、問題文の more は副詞としてうしろの形容詞を修飾
していますが、more にはそれ以外に、「形容詞」「代名詞」
としての用法もあります。

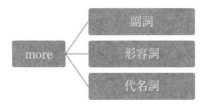

《比較》

副詞「もっと〜、より〜」

Could you be **more** specific?

（もう少し具体的にお願いできますか）

＊《副詞 more ＋形容詞 specific》の組み合わせ。

Desktop computers are **more** expensive **than** tablets.

（デスクトップコンピューターはタブレットよりも高価だ）

＊前置詞 than には「〜よりも」という意味がある。

This app is **more** useful **than any other** one.

（このアプリはほかのどのアプリよりも役に立つ）

＊《副詞 more ＋形容詞 ＋ than any other ＋ 単数名詞》で、「ほかのどの〜よりも … だ」と最上級の意味合いを表すことができる。

形容詞「もっと多くの〜」

Kathy has **more** properties **than** I do.

（キャッシーは私より多くの不動産を所有している）

＊《形容詞 more ＋名詞 property の複数形》の組み合わせ。more がうしろに続く名詞を修飾している。more 〜 than …で「… より多くの〜」という意味になる。ここでの than は接続詞で、うしろに I do と「節」が続いている。

代名詞「もっと多くのもの［人、量］」

I'd like to tell you **more** about our company.

（当社についてもっと皆さんにお話したいと思います）

＊《tell ＋人＋モノ》の「モノ」部分に more がきている。

本書の次の問題文にも比較級が登場します。

2. This year's sales performance has been **better than** expected, so staff will receive a bonus as well as extra days of paid leave.

＊形容詞 good は good（原級）―better（比較級）―best（最上級）と変化する。than のうしろには it was が省略されている。

　比較級の意味を強める副詞として、**much（ずっと）、far（はるかに）、even（さらに）** があり TOEIC にも出題されます。This method is **much** more efficient. のように《副詞＋比較級》の語順で使います。

FOCUS-34 ── 等位接続詞としての so

　問題文のコンマのうしろ、**so it will be more interactive**（だから、それはよりインタラクティブになる）のところで使われている so に着目します。ここでの so は等位接続詞で、前後の「節」（＝ SV を含む2語以上のかたまり）を結びつける役割をしています。

　接続詞としての so には「だから、したがって」という意味があり、「結果」を表します。

　なお、so には「接続詞」以外に、「それほど、そんなに」という意味で「副詞」としての役割もあります。

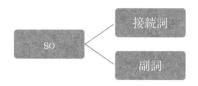

副詞としての so「それほど、そんなに；（口語で）とても」

This business is not **so** simple.
（このビジネスはそんなに単純ではない）

I'm **so** happy to join this team.
（このチームに参加できて、私はとてもうれしいです）

語彙問題です。

語彙問題は英文を読み、全体の意味を考えなければなりません。

「今年の新入社員研修には革新的な1対1の社内指導教育プログラムが組み込まれており、より〜になっている」という英文で、「〜」部分にどの単語を入れれば文意が通るかを考えます。

(D)の interactive「対話式の、双方向（性）の、インタラクティブな」であれば、文意が通ります。したがって、(D)の interactive が正解です。

(A)qualified「資格を持つ、ふさわしい」、(B)trustworthy「信頼できる」、(C)mutual「相互の」では、文意が通りません。

スラッシュリーディング

This year's new hire training /
今年の新入社員研修には /

includes an innovative one-to-one mentoring program, /
革新的な1対1の社内指導教育プログラムが含まれます /

so / it will be more interactive.
だから / それ（＝研修）はよりインタラクティブになります

第18問

次の選択肢の中から正しいものを選びなさい。

ACE Electronics, the largest client of DTR Manufacturing, insisted that all machines (　) with internal heat sensors.

（パート5徹底攻略・第35問）

(A)　were equipped

(B)　to equip

(C)　equipped

(D)　be equipped

ヒント！

ACE Electronics, / the largest client of DTR Manufacturing,/ insisted / that all machines (　) / with internal heat sensors.

単 語 の 意 味

client [kláɪənt]······················ 顧客
insist [ɪnsíst]····························· ～を要求する、主張する
internal [ɪntə́ːrnl]····················· 内部の
heat sensor····························· 熱センサー

答え （D）be equipped

訳

DTRマニュファクチャリング社の最大の顧客であるACEエレクトロニクスは、すべての機械に内部熱センサーが搭載されていることを要求しました。

構文解析

> ACE Electronics, the largest client of DTR
> Manufacturing, insisted that all machines be equipped
> with internal heat sensors.

<u>ACE Electronics, the largest client of DTR Manufacturing</u>,
　S　　　　　　同格

<u>insisted</u>
　V

[that <u>all machines</u> <u>be equipped</u> with internal heat sensors].
O（that節）　S'　　　V'　　　　前＋名

SVO文型の文です。SのところにあるACE Electronicsとthe largest client of DTR Manufacturingはコンマで並列され、「同格」の関係にあります。また、that節の中はSV文型になっています。

ここでは、「最上級」と「コンマを使った同格表現」について学びます。

FOCUS-35 ────[　　　　**最上級**　　　　]

the largest client（最大の顧客）のところで使われている the largest に着目します。これは形容詞の最上級です。

形容詞 large は、large － larger － the largest のように「原級─比較級 (-er)─最上級 (the -est)」と単語自体を変化させることで、「比較（より～）」や「最上（最も～）」の意味を帯びます。

また、単語の形を変える以外に、単語の前に more/the most をつけて比較級／最上級をつくるケースもあります。例えば、本書の次の問題文は、《the most ＋形容詞＋名詞》の形で最上級を表しています。

---

36. In addition to having **the most** luxurious hotel rooms in the city, Cedar Estate also prides itself on having the renowned Max's restaurant.　　＊「最も豪華なホテルの部屋」

いくつかの例外はありますが、2 音節以上の単語は、基本的に more/the most を前につけます。上の形容詞 luxurious「豪華な」は《lux・u・ri・ous》と 4 音節の単語です。

ほかに、good のように形が変化する単語もあります。good は good（原級）－ better（比較級）－ best（最上級）と変化します。本書の次の問題文では、《the best ＋名詞》の形が登場します。

---

4. Sarah Lee is renowned to be very responsive to customer complaints and has **the best** achievement record of any store manager in our entire chain.　　＊「最も優れた業績」

本書で取り上げた 55 問には含まれていませんが、前作『炎の千本ノック！　パート 5 徹底攻略』（2021 年刊行）は最上級が含まれる英文が登場します。併せて学習しましょう。

---

14. Providing top quality service at affordable prices is what ~~matters~~ **the most** to the dedicated staff at William's Coffee.

（ウィリアムズ・コーヒーのひたむきなスタッフにとって何より大切なのは、最高品質のサービスを手頃な価格で提供することです）

＊ここでの the most は副詞 much の最上級で、直前の動詞 matters を修飾している。

88. The architect carefully planned the location of windows and doors in places that would produce **the most** ~~abundant supply~~ of sunshine and air flow.

（建築士は、採光性と通気性が最も高くなるよう窓やドアの位置を慎重に設計しました）　　　　　＊《the most ＋形容詞＋名詞》の形。

FOCUS-36 ──[コンマを使った同格表現]

ACE Electronics, the largest client of DTR Manufacturing（DTR マニュファクチャリング社の最大の顧客である ACE エレクトロニクス）のところに着目します。この部分は《名詞句＋コンマ＋名詞句》の形で、コンマ前後は同格関係（＝イコールの関係）が成り立っています。

<u>ACE Electronics</u>, <u>the largest client of DTR Manufacturing</u>

同格

上の例では、ACE Electronics（ACE エレクトロニクス）のことをコンマに続く部分で詳しく説明しています。

　なお、英語の同格表現には他に《名詞＋接続詞 that》の形もあります。こちらについては本書の第48問で取り上げています。併せて学習しましょう。

---

48. The board of directors is still waiting for <u>final</u> **confirmation that** Jessica Mathers will accept the <u>CEO</u> <u>position.</u>

＊「ジェシカ・マザーズ氏が CEO のポストを受け入れるという最終確認」

動詞の形を問う問題です。

選択肢には動詞 equip のさまざまな形が並んでいます。
この英文の全体の主語は ACE Electronics で、動詞が insisted で that 以降が目的語です。この問題を解く鍵は、動詞部分に使われている insisted「〜を要求した」です。**要求や提案や命令を表す動詞が使われている場合、続く that 節 [that＋S（主語）＋V（動詞）] 内の動詞部分には動詞の原形を使います。**

that 節内の主語が all machines「全ての機械」なので、動詞部分は動詞の原形を使って be equipped「備え付けられている」としなければなりません。したがって、(D) の be equipped が正解です。

関連問題で使われる動詞は、suggest「〜を提案する」、require「〜を要求する」、recommend「〜を勧める」、ask「〜を要求する」などです。イギリス英語では that 節内は〈that S ＋should＋V〉となり、should を入れて使うことが多いですが、TOEIC ではイギリス英語での出題はありません。

insist は「要求する」以外に「主張する」という意味もあり、「主張する」という意味しか知らない人もいます。その場合、間違って (A) の were equipped を選んでしまいます。

ACE Electronics, /
ACE エレクトロニクス /

the largest client of DTR Manufacturing, /
DTR マニュファクチャリング社の最大の顧客 /

insisted / that all machines be equipped /
要求しました / 全ての機械に搭載されていることを /

with internal heat sensors.
内部熱センサーが

第19問

次の選択肢の中から正しいものを選びなさい。

Most fans of the movie series *Diamond Dan* agree that the latest film, *Adventures in the Sea*, is the best one (　).

（パート5徹底攻略・第32問）

(A) over

(B) between

(C) yet

(D) more

ヒント！

Most fans / of the movie series *Diamond Dan* / agree / that the latest film, / *Adventures in the Sea,* / is the best one (　).

単 語 の 意 味

agree [əgríː]·····························～に同意する、合意する
latest [léɪtɪst]·····························最新の、最近の

答え (C) yet

訳

映画シリーズ『ダイアモンド・ダン』のファンの大半は、最新作『アドベンチャーズ・イン・ザ・シー』がこれまでの最高作だと口をそろえます。

構文解析

Most fans of the movie series *Diamond Dan* agree that the latest film, *Adventures in the Sea*, is the best one yet.

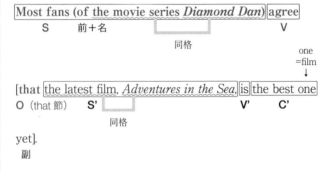

SVO 文型の文です。O には that 節がきています。that 節内は、SVC 文型になっています。また、the movie series と *Diamond Dan*、ならびに the latest film と *Adventures in the Sea* はそれぞれ同格の関係になっています。

ここでは「形容詞 most＋名詞」、「代名詞としての one」について学びます。

FOCUS-37 ──[形容詞 most ＋ 名詞]

　most fans（大半のファン）の部分で使われている形容詞 most に着目します。most は many/much の最上級「最も多くの」という意味以外に、「大部分の」という意味があることをおさえておきましょう。

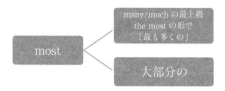

　most は最上級の意味で用いるときには、通例《the most ＋名詞》の形になります。対して、「大部分の」の意味で使うときは the をつけません。問題文も most fans となっていますね。

《比較》

many の最上級として→ the most＋可算名詞

　Which bank has **the most** branches?

　（どこの銀行が一番多くの支店をもっていますか）

much の最上級として→ the most＋不可算名詞

　What do you spend **the most** time on?

　（あなたは何に一番時間を使っていますか）

most「大部分の」＋可算名詞の複数形もしくは不可算名詞

　We accept **most** major credit cards.

　（当店では主要クレジットカードの大半が利用可能です）

　なお、most は形容詞として「大部分の～」と名詞を修飾する以外に、代名詞として《most of the ＋名詞》の形で使うこともあります。この場合、「～の大部分」という意味になります。

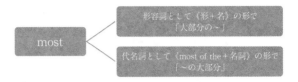

本書の次の問題では、代名詞としての most が登場します。

22. After **most** of the conference attendees had arrived, organizers asked everyone to go to the Rosewood banquet hall for the opening ceremony. ＊「会議参加者の大半」

なお、《most of the＋名詞》の形以外に、《most of＋代名詞の所有格＋名詞》の形もとります。

《例》
Most of their wealth comes from investing.
（彼らの富の大半は投資由来のものだ）

FOCUS-38 ── [代名詞としての one]

the latest film, *Adventures in the Sea*, is the best **one** yet（最新作『アドベンチャーズ・イン・ザ・シー』がこれまでの最高作だ）のところに出てくる **one** に着目します。one には「名詞」「形容詞」「代名詞」としての役割があり、問題文では代名詞として働いています。代名詞 one は一度出てきた名詞の代わりに使います。問題文では、名詞 film（映画）を繰り返し使うのを避けるために、one が使われています。

《比較》

名詞 （数字の）1、1個、1人

This is **one** of the best apps I've ever used.

（これは私が今まで使った中で最高のアプリのひとつです）

＊《one of the ＋複数名詞》の形になっている。

形容詞 1つ［個、人］の〜；ある〜、いつかの

At least **one** person is telling the truth.

（少なくとも1人は真実を述べている）　＊ at least「少なくとも」

本書の次の問題文では名詞・形容詞としての one が登場しています。併せて学習しましょう。

《名詞としての one》

11. Although Talbot Industries was planning to offer **one** of its two interns a full-time position, the manager opted to offer positions to both.

＊「2人のインターンのうち1人」

39. **One of the advantages** of having an office outside the downtown area is the convenient access to the airport for clients who visit us from overseas.　＊「利点のひとつ」

《形容詞としての one》

7. The sale was a surprisingly great success considering the advertising campaign did not begin until **one** week before the event.　＊「1週間」

適切な意味の副詞を選ぶ問題です。

選択肢を見ただけでは、品詞や意味など、さまざまな使い方ができる語が並んでおり、的を絞りづらい問題です。

この英文は、〈S＋V＋that 節〉の形をとっているので、接続詞の that 以下に完全な文が続くことがわかります。

that 以下は、the latest film, *Adventures in the Sea*, is the best one (　　) となっていて、空欄部分を除いたとしても「最新作『アドベンチャーズ・イン・ザ・シー』が最高作だ」と完全文になっているので、空欄には修飾語としてしか使えない副詞が入るはずだとわかります。

空欄直前が the best one という最上級になっています。**最上級を示す語の後に置いて「これまでに」という意味で使える** yet が選択肢にあります。yet を入れれば「これまでに（見た）最高作だ」となり、文意も通ります。したがって、(C)の yet が正解です。

yet には、否定文・疑問文で「まだ（〜ない）」や「もう（〜したのか）」の用法以外に、ここで使われているような用法もあります。

スラッシュリーディング

Most fans / of the movie series *Diamond Dan* /
ファンの大半 / 映画シリーズ『ダイアモンド・ダン』

agree / that the latest film, / *Adventures in the Sea*, /
同意します / 最新作 /『アドベンチャーズ・イン・ザ・シー』/

is the best one yet.
これまでの最高のもの（＝映画）であると

第20問

次の選択肢の中から正しいものを選びなさい。

Consumer reports show that the XL9 by SunScreen Industries is (　) its most affordable smartphone yet.

（パート5徹底攻略・第26問）

(A) as for

(B) without doubt

(C) owing to

(D) within reach

ヒント！

Consumer reports show / that the XL9 by SunScreen Industries / is (　) its most affordable smartphone yet.

単 語 の 意 味

consumer [kəns(j)úːmər]·········· 消費者
affordable [əfɔ́ːrdəbl]············· 手頃な価格の
yet [jét]································· 今までの中で、今までのところ

訳

消費者リポートによると、サンスクリーン・インダストリーズの XL9 が紛れもなく今までで最も手頃なスマートフォンだということです。

構文解析

> Consumer reports show that the XL9 by SunScreen Industries is without doubt its most affordable smartphone yet.

Consumer reports	show
S	V

[that the XL9 by SunScreen Industries is without doubt
O（that 節）　　　　　　　　S'　　　　　　　　V' 副詞句（前＋名）

↓ its=SunScreen Industries'
its most affordable smartphone yet].
C'（名）　　　　　　　　副

　SVO 文型の文です。O には that 節がきています。その that 節の中は、SVC 文型になっており、C には名詞がきています。

　ここでは「代名詞の所有格＋最上級」と「前置詞 by」について学びます。

FOCUS-39 ──[代名詞の所有格＋最上級]

its most affordable smartphone yet（今までで最も手頃な
スマートフォン）のところで使われている《代名詞の所有格
its＋most＋形容詞》の形に着目します。

「最上級」と聞くと、《the＋-est》や the most ～ というよ
うに the は不可欠だと思っている方もいるかもしれません。
しかし、the をつけないケースがあります。

それが今回の問題文で出てきたケースです。SunScreen
Industries（サンスクリーン・インダストリーズ）はいろい
ろなスマートフォンを出しているメーカーだと推察されま
す。たくさんの機種があるスマートフォンの中で、「最も手
頃な」のが XL9 なわけです。its「それの」は SunScreen
Industries'「サンスクリーン・インダストリーズの」の代わ
りとして用いられています。このように、最上級の前に代名
詞の所有格が使われている場合は、最上級であっても定冠詞
the はつけません。

《比較》

代名詞の所有格＋最上級

This was **her** most famous song.

（これが彼女の最も有名な曲でした）

定冠詞 the＋最上級

This is **the most** expensive item in the shop.

（これが店内で最も高価な品です）

FOCUS-40 ──[前置詞 by]

the XL9 **by** SunScreen Industries（サンスクリーン・インダ
ストリーズによる XL9）で使われている前置詞 by に着目しま
す。by はいろいろな意味がある単語ですが、ここでは「～に

よる、〜によって」と行為者を表しています。by にはほかにど
のような意味があるか、基本的なものをおさえておきましょう。

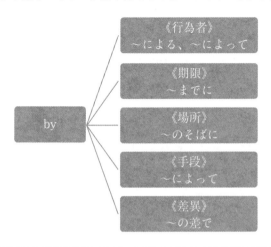

《比較》

行為者 〜による、〜によって

This movie is based on a book **by** Agatha Christie.
(この映画はアガサ・クリスティの本に基づいている)

期限 〜までに

Your package will arrive **by** noon.
(あなたの荷物は正午までに届く予定です)

場所 〜のそばに

Risa prefers a seat **by** the window.
(リサは窓側の席のほうが好きです)

手段 〜によって

Can I pay **by** credit card?
(クレジットカードで支払えますか)

＊ by 以下に続く「手段」を表す名詞は通例、冠詞をつけない点に注意。

差異　〜の差で

We missed our flight **by** three minutes.
（私たちは 3 分の差でフライトに乗り遅れた）

本書の次の問題文にも前置詞 by が登場しています。

行為者の by「〜による、〜によって」

44. Elgin town council members decided that residents whose houses were built before 2010 would not be affected **by** the new regulation.　＊「新しい条例によって」

なお、「手段」を表す by はうしろに動名詞をとることもできます。こちらについては『炎の千本ノック！　パート 5 徹底攻略』第 44 問に登場します。

---

44. **By** focusing its marketing on an older clientele, Kane Clothiers was able to expand its customer base **by** nearly 30%.
（年配の顧客に絞ってマーケティングを行ったことにより、ケイン・クロージャーズは顧客ベースを 30％近く拡大することができました）
　　　　＊前者が「手段」を表す by。後者は「差異」を表す by。

イディオムの問題です。

　選択肢にはさまざまなイディオムが並んでいます。英文全体の意味を考えて正解を選ばなければなりません。

　「消費者リポートによると、サンスクリーン・インダストリーズの XL9 が〜今までで最も手頃なスマートフォンだということだ」という英文で、「〜」部分に入れて文意が通るのはどれか考えます。

　(B) の without doubt「紛れもなく、疑いなく、確かに」を入れれば文意が通ります。

　without を使う慣用表現としては、他にも without permission「許可なく」、without consent「同意なく」、without careful consideration「安易に」などが出題されています。

　(A) の as for は「〜に関しては」、(C) の owing to は「〜のおかげで、〜のせいで」、(D) の within reach は「手の届くところに、実現可能そうな」という意味の表現なので文意に合いません。

Consumer reports show /
消費者レポートは示しています /

that the XL9 by SunScreen Industries /
サンスクリーン・インダストリーズの XL9 は /

is without doubt its most affordable smartphone yet.
紛れもなく今までで最も手頃なスマートフォンだと

第**21**問

次の選択肢の中から正しいものを選びなさい。

Klein Investments has ( ) maintained the trust of its clients throughout the firm's 30 years in the finance industry.

（パート5徹底攻略・第65問）

(A) skilled

(B) skills

(C) skillfulness

(D) skillfully

ヒント！

Klein Investments has ( ) maintained / the trust of its clients / throughout the firm's 30 years / in the finance industry.

単語の意味

maintain [meɪntéɪn]‥‥‥‥‥‥‥‥〜を維持する、保つ
trust [trʌ́st]‥‥‥‥‥‥‥‥‥‥‥‥信頼、信用
throughout [θruːáut]‥‥‥‥‥‥‥〜の間中、〜を通してずっと
finance [fáɪnæns]‥‥‥‥‥‥‥‥‥金融、財務

訳

クライン・インベストメント社は、金融業界で30年にわたりクライアントの信頼をうまく維持してきました。

構文解析

> **Klein Investments has skillfully maintained the trust of its clients throughout the firm's 30 years in the finance industry.**

修飾

Klein Investments	has (skillfully) maintained
S	副　　V（現在完了形）

the trust (of its clients)
O（名）　　前＋名

(throughout the firm's 30 years in the finance industry).
　　前＋名　　　　　　　　　前＋名

　SVO文型の文です。Vのところには現在完了形《have[has]＋過去分詞》がきています。

　ここでは、「現在完了形」について学びます。

FOCUS-41 ——[現在完了形]

　Klein Investments **has** skillfully **maintained** the trust（クライン・インベストメント社は信頼をうまく維持してきました）のところで使われている、has … maintained の部分に着目しましょう。

　現在完了形は《have [has] + 過去分詞》の形をとります。このときの have は一般動詞「〜を持っている」などとは異なり、助動詞として働いています。現在完了は、「現在」を基準とした①完了・結果、②継続、③経験を表します。日本語訳だけを見ると過去形と似ていますが、過去形は「現在」との接点はありません。

---

①完了「〜したところだ」・結果「〜してしまった」

We **have** just **moved** to our new office.［完了］
（私たちはちょうど新しいオフィスに移ったところです）
→「完了」を表す場合、just（ちょうど）などの副詞を一緒に使うことが多い。

I **have lost** my tablet.［結果］
（私はタブレットをなくしてしまったのです）
→現在完了形を使うと、「タブレットをなくしてしまって、今も見つかっていない」というニュアンスになる。I lost my tablet.（タブレットをなくしました）と過去形を使うと、過去の一時点でのことを表し、現在との接点はない。

過去形	現在完了形
I **lost** my tablet.	I **have lost** my tablet.

「現在」とは切り離された過去を表す（過去形）

「過去」の行いが「現在」に影響を与えている（現在完了）

過去 ＞ 現在 ＞ 未来

Lucy **has lived** in Shanghai <u>since</u> 2018.
（ルーシーは 2018 年から上海に住んでいます）

Lucy **has lived** in Shanghai <u>for</u> six years.
（ルーシーは 6 年間上海に住んでいます）

→「時の起点」を表す前置詞 since（〜以来）や、「期間」を表す for（〜の間）と一緒に使われることが多い。なお、since には「接続詞」としての用法もあり、この場合はうしろに「節」（= SV を含む 2 語以上のかたまり）が続く。

Lucy **has lived** in Shanghai <u>since</u> she was 22 years old.
（ルーシーは 22 歳のときから上海に住んでいます）

③経験「〜したことがある」

Lucy **has been** to Beijing <u>several times</u>.
（ルーシーは何度か北京に行ったことがあります）

Lucy **has** <u>never</u> **been** to India.
（ルーシーは一度もインドに行ったことがありません）

→「経験」を表す場合、once（一度）、never（一度も〜ない）などの副詞や〜 times（〜回）という表現をともなうことが多い。

Lucy **has gone** to Singapore on business.
（ルーシーは出張でシンガポールに行ってしまいました）

→ have been to … は「〜へ行ったことがある」という「経験」を表すが、have gone to … になると「〜へ行ってしまった（＝もうここにはいない）」という「結果」の意味になる。

　本書の次の問題は現在完了形が含まれる英文です。併せて学習しましょう。

2. This year's sales performance **has been** better than expected, so staff will receive a bonus as well as extra days of paid leave.　＊「今年の営業実績が予想以上に良かった」

29. Managers in our human resources department **have created** an innovative pathway that will help employees reach career goals gradually.

＊「人事部のマネージャーたちは革新的な道筋を考案した」

30. The government **has decided** to loosen visa restrictions in order to make the country more accessible to foreign tourists.　＊「政府はビザの規制を緩めることに決めた」

31. In order for The Society of Nature to guarantee the preservation of local wetlands, a renowned environmentalist **has been hired** as a consultant.

＊「著名な環境問題の専門家が雇われた」。《have [has] been + 過去分詞》で受動態になっている。→完了形の受動態については第24問へ。

45. Forest Logistics is moving beyond the outdated distribution system it **has had** in place **since** the company was founded.

＊「それ（＝フォレスト運輸）が創業以来活用してきた旧式の流通システム」。ここでの since は接続詞。

副詞の問題です。

選択肢に似た形の単語が並んでいるので、品詞問題かもしれないと考えます。品詞問題の場合、空欄前後が重要になります。

空欄前後は has (　) maintained と、動詞部分が現在完了形になっています。

動詞を修飾するのは副詞なので、副詞の(D)skillfully「上手に、巧みに」を選べば正しい英文になります。

副詞は動詞、形容詞、他の副詞、副詞句、節、文全体を修飾します。

簡単な問題ですが、動詞部分が現在完了形や受動態や進行形になっていたり、現在完了形でかつ受動態になっていたりすると間違える人がいます。形はどのようであれ、動詞を修飾するのは副詞です。

スラッシュリーディング

Klein Investments has skillfully maintained /
クライン・インベストメント社はうまく維持してきました /

the trust of its clients / throughout the firm's 30 years /
クライアントの信頼 / 同社の30年にわたり /

in the finance industry.
金融業界で

第22問

次の選択肢の中から正しいものを選びなさい。

After (　) of the conference attendees had arrived, organizers asked everyone to go to the Rosewood banquet hall for the opening ceremony.

（パート5徹底攻略・第24問）

- (A) mostly
- (B) most
- (C) the most
- (D) almost

ヒント！

After (　) of the conference attendees had arrived, / organizers asked everyone / to go to the Rosewood banquet hall / for the opening ceremony.

単 語 の 意 味

attendee [ətèndíː]⋯⋯⋯⋯⋯⋯ 参加者
organizer [ɔ́ːrɡənàizər]⋯⋯⋯⋯ 主催者、事務局

訳

会議の参加者の大半が到着した後、主催者は開会式をするので宴会場ローズウッドに移動するよう求めました。

構文解析

> After most of the conference attendees had arrived, organizers asked everyone to go to the Rosewood banquet hall for the opening ceremony.

従属節

[After most (of the conference attendees) had arrived,]
　接　　S'　　前＋名　　　　　　　　　V'（過去完了）

主節

organizers asked everyone to go (to the Rosewood banquet
　　S　　　　V　　　O　　C（不定詞）　　　前＋名

hall) (for the opening ceremony).
　　　　前＋名

　SVOC 文型の文です。《ask＋O＋不定詞》で「O に〜するようお願いする」という意味になります。接続詞 after が導く従属節の中は、SV 文型です。V' のところが過去完了形になっています。

　第21問では「現在完了」を取り上げました。ここでは「過去完了」を取り上げます。

FOCUS-42 ——[　　過去完了形　　]

　After most of the conference attendees **had arrived**（会議の参加者の大半が到着した後）のところで使われている had arrived に着目しましょう。

　過去完了形は《had＋過去分詞》で表します。過去のある時点までの①完了・結果、②継続、③経験を表します。

　過去に2つのことが起きた場合、より古いほうが過去完了形になります。

　問題文では「会議の参加者が到着した」と「主催者が彼らに移動するよう求めた」という2つの出来事が起きています。この2つのうち、先に起きたのは「会議の参加者が到着した」のほうであるため、こちらが had arrived と過去完了形になっています。

---

①完了・結果「(過去のある時点までに) 〜してしまっていた」

The ceremony **had** already **started** when we **arrived**.
（私たちが到着したとき、セレモニーはすでに始まっていた）

②継続「(過去のある時点までずっと) 〜していた」

Amy **had lived** in Taiwan for 18 years before she **moved** to the U.S.
（アメリカに移住する前にエイミーは18年間台湾に住んでいた）

③経験「(過去のある時点までに) 〜したことがあった」

I **had** never **experienced** an earthquake before I **moved** to Japan.
（日本に移住する前まで、私は地震を経験したことがなかった）

　なお、問題文の従属節のように、前後を表す接続詞が使われているなどして出来事の起きた順序が明確な場合は、過去完了形でなく過去形で表してもよいとされています。したがって、問題文のケースでは、After most of the conference attendees **arrived**, 〜となっていても OK です。

代名詞の問題です。

英文全体の意味を考えると、接続詞 After の後は「会議の参加者の大半が」という意味になるのではと推測できます。after が導く節の主語は（　）of the conference attendees 部分で、動詞が had arrived です。

主語になるのは、名詞か名詞句です。空欄の後は〈前置詞＋名詞句〉と修飾語になっているのでこの部分をカッコにいれると、空欄には名詞か代名詞が入るとわかります。したがって、副詞である(A)mostly と (D)almost は間違いです。

(B)の most であれば代名詞としての用法があり、「ほとんど、大部分」という意味で使われます。most of the 〜の形で、「〜のほとんど」という意味になり、ここで使うことができます。(C)の the most は、形として存在しません。したがって、(B)の most が正解です。

most of 〜 は、この英文のように後ろに the conference attendees といった特定の名詞が入るのに対し、most 単独で形容詞として用いられる場合は、most conference attendees「大半の会議の参加者」のように、不特定の名詞とともに使われるのが特徴です。the がないことに注意してください。

スラッシュリーディング

After most of the conference attendees had arrived, /
会議の参加者の大半が到着した後 /

organizers asked everyone /
主催者は皆に求めました /

to go to the Rosewood banquet hall / for the opening ceremony.
宴会場ローズウッドに移動するように / 開会式のため

第23問

次の選択肢の中から正しいものを選びなさい。

(　　) the number of people searching for accommodations closer to their office has been increasing.

（パート5徹底攻略・第62問）

(A) Late

(B) Later

(C) Latest

(D) Lately

ヒント！

(　　) / the number of people /searching for accommodations/ closer to their office / has been increasing.

単 語 の 意 味

the number of 〜	〜の数
search for 〜	〜を探す、物色する
accommodation [əkὰːmədéiʃən]	部屋、宿泊施設
closer to 〜	〜により近い

訳

最近は会社により近い部屋を探す人が増えています。

構文解析

> Lately the number of people searching for accommodations closer to their office has been increasing.

Lately [the number (of people)]
副　　　 S　　　　 前＋名

　　　　　　searching 〜 office が直前の名詞 people を
　　　　　　うしろから修飾（＝後置修飾）

(searching for accommodations closer to their office)
現在分詞　　 前＋名　　　　　　　 形　　 前＋名

　　　　　　　　　　closer to their office が
　　　　　　　　　　直前の名詞 accommodations を
　　　　　　　　　　うしろから修飾

[has been increasing].
V（現在完了進行形）

　SV 文型の文です。現在分詞を含む修飾語句が長いため、S の部分がわかりにくくなっています。V の部分は現在完了進行形です。動詞 increase は問題文では「増加する」と自動詞で使われているため、うしろに目的語は続きません。

　ここでは「現在完了進行形」と「現在分詞の後置修飾」について学びます。

FOCUS-43 ──── [現在完了進行形]

Lately the number of people … **has been increasing**（最近、人々の数が増加してきている）の箇所で使われている、has been increasing に着目しましょう。《**have [has] been + doing**》の形で現在完了進行形になっています。「（過去のある時点から現在まで）ずっと〜している」と動作の継続を表します。文頭に出てきている lately（最近は）は、現在完了形もしくは現在完了進行形とよく一緒に用いられる副詞です。

現在完了形の「継続用法」と何が違うのだろう、と疑問に思った方もいるかもしれません。《have [has] + 過去分詞》で表す現在完了の「継続用法」は「過去分詞」の箇所に通例、live や know などの「状態」を表す動詞がきます。

《比較》
現在完了形の「継続用法」《have [has] + 過去分詞》
　　　　　　　　　　　　　　↑「状態」を表す動詞
Shelly **has lived** in Singapore for 30 years.
（シェリーはシンガポールに 30 年間住んでいる）

現在完了進行形《have [has] been + doing》
　　　　　　　　　　　↑「動作」を表す動詞
Shelly **has been writing** the report for two hours.
（シェリーは 2 時間ずっとレポートを書いている）

『炎の千本ノック！　パート 5 徹底攻略』の次の問題文も「現在完了進行形」を含む英文です。

---

92. Alexander Home Furnishings **has been providing** outstanding service to its customers for over fifty years.
（アレクサンダー・ホーム・ファーニッシングズでは、50 年にわたりお客様に優れたサービスを提供してきました）
＊前置詞 over は「〜にわたって」という意味があり、一定の期間を表すことができる。

people **searching** for accommodations closer to their office
（会社により近い部屋を探す人たち）のところで使われてい
る searching に着目します。動詞 search（探す）が -ing 形と
なっています。これは動詞 search が「現在分詞」となって
直前の名詞を修飾しています。-ing 形になっているからとい
って、動詞の進行形や動名詞になっているわけではないこと
に注意しましょう。

「名詞を修飾するもの」といえば、真っ先に形容詞を思い
浮かべる方が多いと思いますが、形容詞以外に「分詞」も名
詞を修飾できることをぜひおさえておきましょう。

　動詞の変化した形である「分詞」は、「動詞」と「形容詞」
の役割を兼ね備えたもので、**①現在分詞（-ing 形）**と**②過去
分詞（-ed 形）**の2つがあります。どちらも形容詞のように
名詞を修飾することができます。ただし、①は「～する」
「～している」という能動的な意味になり、②は「～された」
と受け身の意味になります。

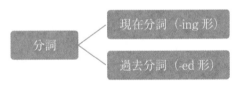

　分詞は、基本的に1語で修飾するときは名詞の前に置きま
す（→本書第10問を参照）。対して、「分詞＋修飾語」の形
で修飾するときは通常、名詞のうしろに置きます。問題文の
people **searching** for accommodations closer to their office は
修飾語をともなう現在分詞です。よって、うしろから名詞を
修飾しているわけです。

名詞　　現在分詞＋修飾語

people　　**searching** for accommodations closer to their office

　『炎の千本ノック！　パート5徹底攻略』には「現在分詞の後置修飾」を含む英文が複数登場しています。併せて確認しましょう。

---

13. **Letters** have been mailed out to museum membership holders asking for contributions to the upcoming renovation project.

（来たる改修計画への寄付を求める**手紙**が美術館の会員宛てに一斉に郵送されました）

＊修飾される名詞と「分詞＋修飾語」が離れているケース。主語が長くなりすぎるのを避けるため、文末に置かれることもある。

23. After receiving **an anonymous letter** complaining about our customer service, the manager decided to hold a staff meeting to address the issue.

（カスタマーサービスに苦言を呈する**匿名の手紙**を受け取ると、マネージャーはその問題に対処するためにスタッフ会議を開くことにしました）

74. The broadcaster prohibits the use of **clothing** bearing text or logos that may be inappropriate to viewers.

（テレビ局では視聴者に不適切な可能性のある文字やロゴが付いている**洋服**の着用を禁止しています）

142. The organizing committee plans to contact everyone on the mailing list during **the fundraising campaign** starting next week.

（組織委員会は、来週から始まる**資金調達キャンペーン**期間中にメーリングリストの全員に連絡する予定です）

副詞の問題です。

選択肢に似た形の単語が並んでいるので、品詞問題かもしれないと考えます。

空欄以降をチェックします。主語が the number of people、現在分詞 searching に続く searching for accommodations closer to their office 部分は the number of people を説明する修飾語、動詞部分が has been increasing で、完全文です。

ということは、空欄に入るのは**文全体を修飾する副詞**だとわかります。したがって、副詞である(D)の Lately「**最近、近ごろ**」が正解です。

副詞は文全体だけでなく、形容詞、動詞、他の副詞、副詞句、節を修飾します。

品詞問題は毎回6問前後出題されていますが、中でも副詞の問題の出題が多いです。この問題のように、文全体を修飾する副詞を選ばせる問題は出題頻度は高くはありませんが、忘れた頃に出題されます。

スラッシュリーディング

Lately / the number of people /
最近は / 人々の数 /

searching for accommodations / closer to their office /
部屋を探す / 会社により近い /

has been increasing.
増えています

第24問

次の選択肢の中から正しいものを選びなさい。

Although the conference facility had (　) been scheduled to open in spring of next year, the date has been pushed back to mid-June.

（パート5徹底攻略・第36問）

(A)　eventually

(B)　extensively

(C)　initially

(D)　further

ヒント！

Although the conference facility had (　) been scheduled / to open / in spring of next year, / the date has been pushed back / to mid-June.

単 語 の 意 味

facility [fəsíləti] ························ 施設、設備
be scheduled to ～ ·············· ～する予定になっている
push back ······························ ～を延期する、先送りする

答え (C) initially

訳

その会議施設は当初は来年春のオープンを予定していましたが、6月中旬に延期されました。

構文解析

Although the conference facility had initially been scheduled to open in spring of next year, the date has been pushed back to mid-June.

従属節 ↓副詞 initially が動詞を修飾
[Although the conference facility had initially been scheduled]
接　　　　　　S'　　　　　　V'（過去完了形の受動態）

to open (in spring of next year),]
不定詞　前＋名　　前＋名

主節
the date has been pushed back (to mid-June).
S　　V（現在完了形の受動態）副　前＋名

　SV 文型の文です。push 〜 back で「〜を延期する、先送りする」の意味がありますが、それが問題文では has been pushed back と現在完了形の受動態になっています。また、接続詞 although が導く従属節の中は、《schedule ＋ O ＋ 不定詞》「O が〜するように予定する」が過去完了形の受動態 had been scheduled to *do* の形で使われています。

　ここでは「完了形の受動態」について学びます。

FOCUS-45 ——[　　　完了形の受動態　　　]

　主節に出てくる the date **has been pushed** back（日程は延期された）と従属節に出てくる the conference facility **had** initially **been scheduled** to open（その会議施設は当初はオープンを予定していた）の部分に着目しましょう。

　これらは両方、完了形の受動態です。主節は《have [has] been＋過去分詞》の形で、現在完了の受動態になっています。また、although が導く従属節は《had been＋過去分詞》の形で、過去完了の受動態になっています。

　受動態の基本の形は《be 動詞＋過去分詞》です。そして、現在完了は《have [has] ＋過去分詞》の形を取ります。これらを組み合わせると、現在完了の受動態は《have [has] been＋過去分詞》になります。過去完了の受動態は have [has] 部分が had になります。

↓この重なる部分に注目！

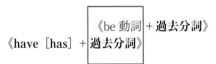

《have [has] + 《be 動詞》＋**過去分詞**》
　　　　　　 過去分詞

↑ be 動詞が過去分詞 been になる

　単なる過去形の受動態と完了形の受動態では、意味合いが異なります。比較のため、過去形と完了形（現在完了／過去完了／未来完了）の受動態の例を取り上げます。

過去形の受動態
《was［were］＋過去分詞》

The station **was built** three years ago.
（その駅は 3 年前に建てられた）

（過去のある時点）
three years ago

| 過去 | 現在 | 未来 |

↑過去のある時点（＝ three years ago）に起きた出来事を指す。「現在」とは切り離されている点が現在完了形とは違う。

現在完了の受動態
《have［has］been＋過去分詞》

The station **has** just **been built**.
（その駅はちょうど建てられたところだ）

（現在と接点のある、ある時点）
just

| 過去 | 現在 | 未来 |

↑ just（ちょうど）という副詞があることから、「ちょうど〜したところだ」という意味になる。現在完了の《完了》用法であり、「現在」との接点がある。

過去完了の受動態
《had been＋過去分詞》

　The station **had** already **been built** when we moved to this town.
（私たちがこの町に引っ越してきたときには、その駅はすでに建てられていました）

（過去のある時点）

when we moved to this town

過去	現在	未来

↑過去のある時点（＝ when we moved to this town）までに、あることが完了していることを表す。

未来完了の受動態
《will have been＋過去分詞》

　The station **will have been built** by next year.
（その駅は来年までには建てられているだろう）

（未来のある時点）

by next year

過去	現在	未来

↑未来のある時点（＝ by next year）までに、あることが完了していることを表す。

本書の次の問題文は、現在完了の受動態が使われています。

---

31. In order for The Society of Nature to guarantee the preservation of local wetlands, a renowned environmentalist **has been hired** as a consultant.

＊「著名な環境問題の専門家がコンサルタントとして雇われた」

　また、本書で取り上げた 55 問には含まれていませんが、『炎の千本ノック！　パート 5 徹底攻略』には「現在完了の受動態」を含む英文が複数登場しています。併せて確認しましょう。

---

5. So far this year, more solar panels **have been purchased** by residential property owners than in any previous period.
（今年に入りこれまでのところ、今までのどの期よりも多くの太陽光パネルが住宅所有者により購入されました）

17. Before the final version of the contract is printed, an additional meeting **has been scheduled** to clarify any remaining uncertainties.
（契約書の最終版が印刷される前に、残っている不確定要素を明確にするために追加の会議が予定されています）
＊接続詞 before が導く「契約書の最終版が印刷される」という内容はこれからのことだが、「時」を表す接続詞が導く従属節では未来のことも現在形で表すルールがあるため、is printed と現在形になっている。

78. Since April 1, interns at Gallagher's Law Firm **have been immersed** in legal training to help them prepare to be good lawyers.
（ギャラガー法律事務所のインターンは、優秀な弁護士になるために 4 月 1 日から法律研修に没頭しています）

　特に、次の問題文は「現在完了の受動態」かつ「否定文」になっています。否定文は《have [has] not been＋**過去分詞**》になることに注意しましょう。

---

22. The company resort property was constructed nearly thirty years ago and **has not been renovated** since.
（その会社の保養施設は 30 年近く前に建設され、それ以来改装されていません）

適切な意味の副詞を選ぶ問題です。

選択肢にはさまざまな副詞が並んでいるので、適切な意味の副詞を選ぶ問題だとわかります。英文の意味を考えて文意に合う副詞を選ばなければならないので、語彙問題に似ています。

「その会議施設は〜来年春のオープンを予定していたが、6月中旬に延期された」という英文で、「〜」部分に入れて文意が通る副詞は何かを考えます。

(C)の initially「当初は、最初に（は）」であれば、文意が通ります。

(A)eventually「最終的に、結局」、(B)extensively「広範囲にわたって、広く」、(D)further「さらにまた、その上」では文意が通りません。

形容詞の initial「最初の、初めの」も出題されています。一緒に覚えましょう。

スラッシュリーディング

Although the conference facility had initially been scheduled/
その会議施設は当初予定されていましたが /

to open / in spring of next year, /
オープンすること / 来年春に /

the date has been pushed back / to mid-June.
その日程は延期されました / 6月中旬に

第25問

次の選択肢の中から正しいものを選びなさい。

Anything purchased online can be returned at a retail store as long as the merchandise is accompanied by (　) of purchase. （パート5徹底攻略・第34問）

(A) proof

(B) item

(C) reason

(D) amount

ヒント！

Anything / purchased online / can be returned / at a retail store / as long as the merchandise is accompanied / by (　) of purchase.

単語の意味

anything [éniθìŋ] ················· (肯定文で) 何でも
purchase [pə́:rtʃəs] ················ 【動】〜を購入する、【名】購入、購入品
retail store ······················· 小売店
as long as 〜 ······················ 〜する限り
merchandise [mə́:rtʃəndàiz] ···· 商品
be accompanied by 〜 ········· 〜が添付してある

訳

オンラインで購入されたものは何でも、商品の購入証明書が添付されていれば、小売店で返品することができます。

構文解析

> **Anything purchased online can be returned at a retail store as long as the merchandise is accompanied by proof of purchase.**

主節

Anything (purchased online)	can be returned
S　　　　過去分詞＋副詞	V（助動詞＋受動態）

↓従属節

(at a retail store) as long as │the merchandise│ │is accompanied│
　前＋名　　　　　　↑　　　　　　　S'　　　　　　　　V'
　　　　　　《as long as》は接続詞的に働く

(by proof of purchase).
　前＋名　　　　前＋名

SV 文型の文です。as long as は接続詞的に働く表現で、うしろに従属節を導きます。

ここでは「過去分詞の後置修飾」と「as ＋副詞＋ as」の表現について学びます。

FOCUS-46 ──┤　　過去分詞の後置修飾　　├

　anything **purchased** online（オンラインで購入されたもの
は何でも）のところで使われている **purchased** に着目しま
す。動詞 purchase（〜を購入する）が -ed 形となっていま
す。これは動詞が「過去分詞」となって直前の名詞を修飾し
ています。

　動詞の変化した形である「**分詞**」は、「動詞」と「形容詞」
の役割を兼ね備えたもので、**①現在分詞（-ing 形）**と**②過去
分詞（-ed 形）**の 2 つがあります。どちらも形容詞のように
名詞を修飾することができます。ただし、①は「〜する」
「〜している」という能動的な意味になり、②は「〜された」
と受け身の意味になります。

　分詞は、基本的に 1 語で修飾するときは名詞の前に置きま
す（→本書第 10 問を参照）。対して、「分詞 ＋ 修飾語」の形
で修飾するときは通常、名詞のうしろに置きます。

《比較》

分詞 1 語で修飾

　purchased｜items（購入品）
　過去分詞　名詞

　　　前から修飾（＝前置修飾）

「分詞 ＋ 修飾語」で修飾

　items｜purchased online（オンラインで購入された品）
　名詞　過去分詞 ＋ 修飾語（副詞）

　　　うしろから修飾（＝後置修飾）

　『炎の千本ノック！　パート 5 徹底攻略』には「過去分詞
の後置修飾」を含む英文が複数登場しています。併せて確認
しましょう。

73. __The management position__ posted by the human resources department is open to anyone who has at least three years' sales experience.

（人事部によって掲示されている管理職のポジションは、少なくとも３年の営業経験がある誰もが応募できます）

84. __The tariff__ charged on an imported product is determined by how much the item is expected to sell for in the retail market.

（輸入品に課せられる関税は、その商品が小売市場でいくらで売れるかによって決まります）

108. __Consultants__ assigned to the project must complete a non-disclosure form which was sent as an attached file in the email.

（そのプロジェクトに任命されたコンサルタントは、メールの添付ファイルで送られてきた秘密保持契約書に記入しなければなりません）

136. Although the panel encouraged discussion on any issues, questions were confined mainly to __topics__ related to the next fiscal year.

（委員会はいかなる問題についても話し合うよう促しましたが、質問は主に翌会計年度に関する項目に限定されていました）

FOCUS-47 ——「as ＋副詞＋ as」が接続詞的に働く

　英語には when のように一語で使う接続詞以外に、いくつかの語が集まって接続詞的に働く表現があります。**as long as** the merchandise is accompanied by proof of purchase（商品の購入証明書が添付されている限り）で使われている as long as 〜もそのひとつです。「〜する限り、〜しさえすれば」という意味で使われており、「条件」を表します。

　「as＋副詞＋as」の表現として、ほかに as soon as ～「～するとすぐに」があります。こちらは As soon as I arrived home, I called my friend.「私が家に着くとすぐに、友達に電話をかけました」のように使います。他にも、as far as ～「～する限り」などがあります。as long as や as soon as は TOEIC にも出題されます。

語彙問題です。

語彙問題は英文を読み、全体の意味を考えなければなりません。

「オンラインで購入されたものは何でも、商品に購入の〜が添付されていれば、小売店で返品することができる」という英文で、「〜」部分に何を入れればいいのかを考えます。

(A)の proof「証明」であれば、文意が通ります。
proof of purcahse で「購入証明書」という意味になり、頻繁に使われる表現です。

(B)item「商品、品目」、(C)reason「理由、根拠」、(D)amount「量、(金)額」では、文意が通りません。

(D)の reason を選んだ人がいるかもしれませんが、reason of purchase「購入理由書類」を添付しても返金はされません。また、商品購入の際に reason of purchase を受け取ることもありません。

スラッシュリーディング

Anything / purchased online / can be returned /
何でも / オンラインで購入された / 返品できます /

at a retail store / as long as the merchandise is accompanied/
小売店で / その商品が添付されている限り /

by proof of purchase.
購入証明書によって

第26問

次の選択肢の中から正しいものを選びなさい。

The marketing team plans to distribute more (　)
to regional dealers in an effort to expand market
share throughout the country. （パート5徹底攻略・第90問）

(A) sampled

(B) sample

(C) sampler

(D) samples

ヒント！

The marketing team plans ／ to distribute more (　) ／ to
regional dealers ／ in an effort ／ to expand market share ／
throughout the country.

単 語 の 意 味

plan to 〜 ························ 〜する計画を立てる、予定である
distribute [dɪstríbjuːt] ············ 〜を配布する、配る
regional [ríːdʒənl] ··············· 地域の
dealer [díːlər] ·················· 販売業者、卸売り業者
in an effort to 〜 ··············· 〜する目的で、〜しようと努力して
expand [ɪkspǽnd] ·············· 〜を拡大する
throughout [θruːáut] ············ 〜の至るところに

訳

マーケティングチームは国内でのマーケットシェア拡大のために、地域の販売店により多くのサンプルを配布する予定です。

構 文 解 析

> The marketing team plans to distribute more samples to regional dealers in an effort to expand market share throughout the country.

The marketing team | plans | to distribute more samples
S   V   O（不定詞の名詞用法）

(to regional dealers) in an effort to expand market share
前＋名   前＋名   不定詞の形容詞用法

throughout the country.
前＋名

　SVO 文型の文です。Oの部分には不定詞がきています。
また、in an effort to *do*「〜しようと努力して」のところで使われている to *do* 部分は不定詞の形容詞用法で、直前の名詞 effort（努力）をうしろから修飾しています。

　ここでは不定詞の「名詞用法」と「形容詞用法」について学びます。

FOCUS-48 ——[　不定詞の名詞用法　]

　plans **to distribute** more samples to regional dealers（地域の販売店により多くのサンプルを配布する予定だ）の to distribute の部分に着目しましょう。《to＋動詞の原形》の形で「配布すること」という意味になり、名詞的なかたまり（＝名詞句）として機能しています。「名詞句」とは、名詞と同等の働きをする句のことです。名詞と同等の働きをするため、本問のように動詞の目的語になったり、ほかにも主語や補語にもなったりします。問題文では次の構造になっています。

他動詞　　　　　　　　　　　　　名詞句

plans **to distribute** more samples to regional dealers
〜を予定する　地域の販売店により多くのサンプルを配布すること

　注意すべきは、plan はうしろに動詞を続ける場合、「動名詞」は不可で、不定詞の形でしか続けられません。plan to *do* で「〜する予定である」という意味になります。つまり、問題文を例にとると、plans distributing という形は不可ということです。

　なお、本書第 34/43 問に出てくる agree（〜に同意する）や promise（〜を約束する）も、うしろに不定詞が続く動詞です。動名詞を続けることはできないことをおさえておきましょう。

---

agree to *do*「〜することに同意する」

34. We initially **agreed to rent** the work space on a temporary basis, however, we ended up signing a three-year lease.

promise to *do*「〜することを約束する」

43. The information technology team **promised to develop** a strategy that will ensure our network remains secure at all times.

＊動詞 ensure のうしろに接続詞 that が省略されている。

パート5の問題文には《他動詞＋不定詞》がよく含まれます。『炎の千本ノック！　パート5徹底攻略』に出てきた《他動詞＋不定詞》のパターンをご紹介します。

---

decide to *do*「〜することに決める」

23. After receiving an anonymous letter complaining about our customer service, the manager **decided to hold** a staff meeting to address the issue.

（カスタマーサービスに苦言を呈する匿名の手紙を受け取ると、マネージャーはその問題に対処するためにスタッフ会議を開くことにしました）　　　　　　　　＊ decide はうしろに動名詞は不可。

need to *do*「〜する必要がある」

47. Because Tillman Clothier's grand opening sale has been moved forward, posters and brochures will **need to be reprinted**.

（ティルマン・クロージャーズのグランドオープンセールを前倒ししたため、ポスターやパンフレットの再印刷が必要となります）

prepare to *do*「〜する準備をする」

78. Since April 1, interns at Gallagher's Law Firm have been immersed in legal training to help them **prepare to be** good lawyers.

（ギャラガー法律事務所のインターンは、優秀な弁護士になるために4月1日から法律研修に没頭しています）

＊《help＋O＋原形》「Oが〜するのを手伝う」の原形部分に prepare がきている。

FOCUS-49 ── ［　不定詞の形容詞用法　］

FOCUS-48 で不定詞の名詞用法を取り上げました。《to＋動詞の原形》の形をとる不定詞は、次の３つの用法に分かれます。

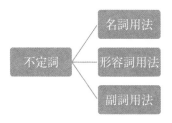

in an effort **to expand** market share throughout the country（国内でマーケットシェアを拡大しようと努力して）の to expand 部分に着目しましょう。ここでは「形容詞用法」として「〜するための」という意味で、うしろから直前の名詞 effort を修飾しています。このとき to 不定詞以下は「形容詞句」（＝形容詞と同等の役割をする句）として、うしろから名詞を修飾しています。

　　名詞　　　　　　形容詞句
in an effort **to expand** market share throughout the country
　努力　　　国内でマーケットシェアを拡大しようとするための

本書の次の問題でも、不定詞の形容詞用法が登場しています。

16. Due to a scheduling conflict, the invited guest speaker politely declined our offer **to present** at next month's conference.　　　＊「来月の会議で発表するというオファー」

名詞の問題です。

選択肢の形が似ているので、品詞問題かもしれない、と考えましょう。品詞問題の場合、空欄前後が重要になります。

この英文の動詞は空欄の少し前の plans で、to distribute more（　）部分が目的語です。distribute の目的語になるのは、名詞か名詞句です。空欄前の more はここでは「より多くの、より大きい」という意味の形容詞として使われています。more（　）部分が名詞句になるには、空欄には形容詞 more が修飾する名詞が入ります。名詞は(B)の sample と(D)の samples、そして(C)sampler「見本検査係」も該当します。

どれが正解かは英文の意味を考えます。ここでは more が many の比較級「より多くの」という意味で使われています。単数名詞の sample は間違いで、正解は複数名詞である(D)の samples だとわかります。

空欄直前に more があるので比較級の形に似ている(C)の sampler を選ぶ人がいると思いますが、sampler「見本検査係」では文意が通りません。(B)の sample や(C)の sampler を選ばせようとして作られたひっかけ問題です。

スラッシュリーディング

The marketing team plans /
マーケティングチームは予定しています /

to distribute more samples /
より多くのサンプルを配布すること /

to regional dealers / in an effort / to expand market share /
地域の販売店に / 努力して / マーケットシェア拡大のための /

throughout the country.
全国各地で

第27問

次の選択肢の中から正しいものを選びなさい。

A consulting firm was hired to help R&J Manufacturing to create a program of (　) to increase the efficiency of its production line workers.

(パート5徹底攻略・第83問)

- (A) incentives
- (B) estimates
- (C) allocations
- (D) reputations

ヒント！

A consulting firm was hired / to help R&J Manufacturing / to create a program of (　) / to increase the efficiency / of its production line workers.

単 語 の 意 味

hire [háiər]·······························〜を雇う
help A to B·······················A が B するのを手伝う
efficiency [əfíʃənsi]················効率、効率性

訳

R&J マニュファクチュアリング社が生産ラインの作業員の効率を高めるための奨励プログラムを作成するのをサポートするためにコンサルティング会社が雇われました。

構文解析

> A consulting firm was hired to help R&J Manufacturing to create a program of incentives to increase the efficiency of its production line workers.

A consulting firm │ was hired
　　　　S　　　　　　　V（過去形の受動態）

動詞 was hired を修飾
(to help R&J Manufacturing to create a program of incentives
不定詞　help＋O＋不定詞「O が〜するのを手伝う」　　　　前＋名
《副詞用法・目的》

to increase the efficiency of its production line workers).
不定詞　　　　　　　　　　　　　　　　前＋名
《形容詞用法》a program of incentives「奨励プログラム」を修飾

　SV 文型の文です。不定詞が3箇所に登場します。前から①不定詞の副詞用法《目的》、② help＋O＋不定詞、③不定詞の形容詞用法となっています。

　ここでは、「不定詞の副詞用法」ならびに《help＋O＋不定詞》」について学びます。

FOCUS-50 ——[　不 定 詞 の 副 詞 用 法 　]

to help R&J Manufacturing to create a program of incentives（R&J マニュファクチュアリング社が奨励プログラムを作成するのをサポートするために）の to help 部分に着目しましょう。《to＋動詞の原形》の不定詞が登場します。to help 以下は動詞 was hired を修飾し、「～するために」という意味で使われています。このように副詞的に使われる不定詞は「副詞用法」と呼ばれます。

　副詞用法の不定詞には①目的「～するために」②感情の原因「～して」③結果「(V の結果) ～する」④判断の根拠「～するとは（…だ）」という用法があります。この中で最も頻度が高く、パート5の問題文を理解するのにも重要なのは①**目的「～するために」**の用法です。

《比較》
①目的「～するために」←最重要
　The workshop was held **to raise** awareness of time management.
　（そのワークショップは時間管理の認識を高めるために開かれた）

②感情の原因「～して」
　I was surprised **to hear** about the merger.
　（合併のことを聞いて、私は驚いた）

③結果「(V の結果) ～する」
　Risa grew up **to be** a neuroscientist.
　（リサは成長して、神経科学者になった）
　＊ grew up（成長した）、その結果、to 以下になった、ということ。

④判断の根拠「～するとは（…だ）」
　You were wise **to stay** home.
　（あなたは家にいて賢明だったよ）

本書の 55 問には含まれていませんが、『炎の千本ノック！パート 5 徹底攻略』では、次の問題で副詞用法《目的》が登場します。

---

1. Our recently constructed assembly plant is cared for differently because it was built **to comply** with the latest environmental regulations.
（少し前に建設された当社の組み立て工場は、最新の環境基準に準拠して建てられているため、手入れの方法が異なります）

FOCUS-51 ——《help ＋ O ＋不定詞》の用法

　help R&J Manufacturing **to create** a program of incentives（R&J マニュファクチャリング社が奨励プログラムを作成するのをサポートする）の部分に着目します。help には「〜を助ける」という意味がありますが、《help＋O＋不定詞》で「Oが〜するのを助ける」という意味になります。この部分は文型で表すと、(S) V O C となり、不定詞部分が C（補語）になります。

| help | R&J Manufacturing | to create a program of incentives |
| V | O | C（不定詞） |

　この用法では、OがCの意味上の主語になります。つまり、to create 以下をするのは、R&J Manufacturing であるということです。次のシンプルな文を例に見てみましょう。

| The program | helped | her | to learn leadership skills. |
| S | V | O | C（不定詞） |

（そのプログラムは彼女がリーダーシップスキルを学ぶのに役立った）

　上の文でS（主語）は the program（そのプログラム）ですが、to learn leadership skills（リーダーシップスキルを学

ぶ）をするのは、O（目的語）にきている her のほうです。
つまり、Oにきている her が to learn 以下の意味上の主語に
なっているわけです。helped という動詞の目的語になってい
るため her という目的格になっていますが、「そのプログラ
ムは<u>彼女が</u>リーダーシップスキルを学ぶのを助けた」という
意味合いになる点に注意しましょう。

　本問では、《help＋O＋不定詞》というように、目的語のう
しろに to 不定詞が続くパターンを紹介しました。もうひと
つ、**to のつかない不定詞（＝原形不定詞）が続くパターン**
もあります。パート5における出題頻度としては、この
《help＋O＋原形不定詞》の方が高いです。こちらについて
は第29問で取り上げます。

語彙問題です。

選択肢にはさまざまな名詞が並んでいます。どの名詞であれば文意が通るかを問う語彙問題です。語彙問題は英文を読み、全体の意味を考えなければなりません。

to 不定詞に続く to increase the efficiency of its production line workers「生産ラインの作業員の効率を高めるための」部分が、a program of ( )「( ) プログラム」部分を形容詞的に修飾しています。そのプログラムを作るサポートのために雇われたのがコンサルティング会社です。

空欄に入れて意味が通るのは、(A)の incentives「奨励策」しかありません。incentives を入れれば「生産ラインの作業員の効率を高めるための奨励プログラムを作成する」となり、文意が通ります。incentives はこの英文では「奨励策」という意味で使われていますが、企業が優秀な業績をあげた社員に提供するような場合だと「奨励金、報奨」という意味で使われることが多いです。**「奨励金、報奨」という意味での incentives を問う問題も出題されています。**

(B)estimates「見積もり、予測」、(C)allocations「割り当て、割り当てられたもの」、(D)reputations「評判、名声」では、文意が通りません。

スラッシュリーディング

A consulting firm was hired / to help R&J Manufacturing /
コンサルティング会社が雇われました / R&J マニュファクチュ
アリング社を助けるために /

to create a program of incentives / to increase the efficiency/
奨励プログラムを作成するのを / 効率を高めるための /

of its production line workers.
生産ラインの作業員の

第28問

次の選択肢の中から正しいものを選びなさい。

Belmont Publishing is currently offering a reduced rate (　) to encourage people to sign up for a three-year subscription.

（パート5徹底攻略・第100問）

(A) specific

(B) specifications

(C) specifically

(D) specify

ヒント！

Belmont Publishing is currently offering / a reduced rate / (　) to encourage people / to sign up / for a three-year subscription.

単 語 の 意 味

currently [kə́:rəntli]·················現在、今や
offer [ɔ́:fər]·····························〜を提供する、申し出る
reduced rate························割引料金
encourage [inkə́:ridʒ]·············〜を勧める、奨励する
sign up for···························（〜に）申し込む
subscription [səbskrípʃən]······予約購読、定期購読

答え (C) specifically

訳

ベルモント出版では現在、特に３年購読の申し込みを促進するために割引料金を提供しています。

構文解析

> Belmont Publishing is currently offering a reduced rate specifically to encourage people to sign up for a three-year subscription.

副詞が動詞を修飾

Belmont Publishing	is (currently) offering	a reduced rate
S	副詞　　　V	O

(specifically to encourage people to sign up
　副詞　　　不定詞（副詞用法・目的）　encourage＋O＋不定詞
　　　　　　　　　　　　　　　　　　　　　「O が〜するのを促す」

副詞が不定詞を修飾

for a three-year subscription).
前＋名

　SVO 文型の文です。V の部分は現在進行形になっています。不定詞が２箇所に出てきています。最初の to は副詞用法で目的「〜するために」を表しています。２番目の to は、encourage＋O＋不定詞「O が〜するのを促す」の表現の一部として使われています。

　ここでは「不定詞を修飾する副詞」と「複合形容詞」について学びます。

FOCUS-52 ──[不定詞を修飾する副詞]

specifically to encourage people to sign up for a three-year subscription（特に3年購読の申し込みを促進するために）のところで使われている副詞 specifically（特に）に着目します。副詞の役割は幅広く、「動詞」を修飾するだけでなく、「形容詞」「ほかの副詞」「句」「節」「文全体」を修飾します。

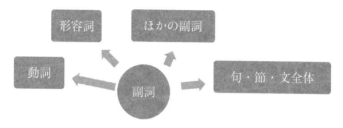

　本書の第5問で副詞の役割を取り上げましたが（→ 49 ページ）、本問では副詞が「句」、とりわけ「不定詞」を修飾するケースを取り上げます。

　不定詞には「名詞用法」「形容詞用法」「副詞用法」がありますが、副詞用法として働く不定詞は、「副詞句」（＝副詞と同等の役割をする句）と呼ばれます。副詞句は、ほかに「分詞＋語句」「前置詞＋名詞」の形があります。

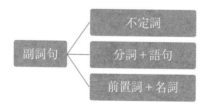

副詞を不定詞が修飾する場合、通例 to の前に置きます。

The workshop is designed **especially** to foster creativity.
（ワークショップは特に創造性を育成するべく設計されています）

　パート5の問題文で出てくる、もうひとつ注意すべき副詞の用法は、「副詞＋過去分詞＋名詞」のパターンです。
　「分詞」は形容詞の働きをするので、副詞は分詞を前から修飾することができます。

《比較》
「副詞＋形容詞＋名詞」
　　a **surprisingly** great success（意外な大成功）
　　　　副詞　　　形容詞　名詞

　　　＊『炎の千本ノック！　パート5徹底攻略』第41問より抜粋

「副詞＋過去分詞＋名詞」
　　our **recently** constructed assembly plant
　　　　副詞　　　過去分詞　　　　名詞

　　　　　　↑形容詞の働きをする
（少し前に建設された当社の組み立て工場）
　　　　　＊『炎の千本ノック！　パート5徹底攻略』第1問より抜粋

　なお、「前置詞＋名詞」という組み合わせの「副詞句」を修飾するケースは本書の第55問で取り上げます。

---

55. SafePark Inc. is an innovative company that operates parking lots all over the city with prices **well** below the market average.

FOCUS-53 ——[複 合 形 容 詞]

a **three-year** subscription（3年間の購読）のところで使われている three-year に着目します。three（3）と year（年）という語がハイフンで結ばれ、形容詞的に直後の名詞 subscription（購読）を修飾しています。こうした語は「複合形容詞」と呼ばれます。

　パート5で直接問題として問われることはありませんが、問題文には「語」と「語」をハイフンで結んだ複合形容詞が多数登場します。問題文を正確に理解するうえで、「語」＋「ハイフン」＋「語」が形容詞的に働いているということはぜひおさえておきましょう。

　覚えておきたい複合形容詞をご紹介します。

- cost-cutting 「**経費削減の**」
  cost-cutting measures（経費削減策）
- fuel-efficient 「**燃費のいい、低燃費の**」
  fuel-efficient vehicles（燃費のいい車）
- hands-on 「**実地の、参加型の**」
  hands-on training（実地の訓練）
- high-quality 「**高品質の**」
  high-quality service（高品質なサービス）
- in-depth 「**徹底的な、綿密な**」
  in-depth analysis（綿密な分析）
- on-site 「**現場での**」
  on-site inspections（現場での査察）
- well-deserved 「**受けるに値する、当然の**」
  well-deserved reputation（しかるべき評判）

なお、本書の第49問に出てくる state-of-the-art「最先端の、最新式の」はパート5でも重要な複合形容詞です。

---

49. Featuring a **state-of-the-art** recording facility and renowned sound engineers, Shire Studios is fully booked until May of next year. ＊「最先端のレコーディング設備」

本書で取り上げた55問には含まれていませんが、『炎の千本ノック！　パート5徹底攻略』ではハイフンでつなげて形容詞的に使われている表現が複数出てきています。どのような単語が形容詞的に使われているか、確認しておきましょう。

---

33. After giving twenty-five years of devoted service to Kemp Motors, Jodie Day received an **all-expenses-paid** trip to Hawaii.
（ケンプ・モーターズでの25年間におよぶ献身的な勤務により、ジョディ・デイさんは**全額負担なしの**ハワイ旅行をプレゼントされました）

70. Please ensure that you recognize the name of the sender when downloading files on your **company-issued** computer.
（**会社支給の**コンピューターにファイルをダウンロードするときには、送信者の名前が見分けのつくものであることを確認してください）

97. In order to better control the distribution of our company's merchandise, we have entered into a **long-term** agreement with Hamilton Logistics.
（当社商品の流通をより適切に管理するために、ハミルトン・ロジスティクスと**長期**契約を結ぶことにしました）

146. All interns who complete the **three-month** summer session at Davis and Wakefield Law will be eligible for a $2,000 scholarship.

（デイビス・アンド・ウェイクフィールド弁護士事務所の**3カ月間の**サマーセッションを修了したインターンは全員、2,000 ドルの奨学金を受け取ることができます）

副詞の問題です。

選択肢に似た形の単語が並んでいるので、品詞問題かもしれないと考えます。品詞問題の場合、空欄前後が重要になります。

この問題を解くヒントは、空欄直後の to encourage people to sign up for 〜「人々が〜に申し込むのを促進するために」です。

この部分は不定詞の副詞的用法となっており、副詞句です。**副詞句を修飾するのは副詞です。**

したがって正解は、副詞である (C) の specifically「特に、明確に」です。

副詞は副詞句、動詞、形容詞、他の副詞、節、文全体を修飾します。

Belmont Publishing is currently offering / a reduced rate /
ベルモント出版では現在、提供しています / 割引料金 /

specifically to encourage people / to sign up /
特に人々に促すために / 申し込むこと /

for a three-year subscription.
3年購読に

第29問

次の選択肢の中から正しいものを選びなさい。

Managers in our human resources department have created an innovative pathway that will help employees reach career goals (　).

(パート5徹底攻略・第111問)

(A)　abundantly

(B)　manually

(C)　relatively

(D)　gradually

ヒント！

Managers / in our human resources department / have created an innovative pathway / that will help employees / reach career goals (　).

単 語 の 意 味

human resources department ····· 人事部
innovative [ínəvèɪtɪv] ························· 革新的な、創造力に富む
pathway [pǽθwèɪ] ····························· 道筋、進路
career [kəríər] ·································· キャリア、経歴

答え (D) gradually

訳

人事部のマネージャーたちは、社員が少しずつキャリア目標を達成できるよう革新的な道筋を考案しました。

構文解析

> Managers in our human resources department have created an innovative pathway that will help employees reach career goals gradually.

Managers (in our human resources department) | have created
S　　　　　　　　　　　前＋名　　　　　　　　　V（現在完了）

an innovative pathway
O（名）

関係代名詞が導く節
[that｜will help｜employees｜reach career goals gradually].
S'（主格）V'　　　　O'　　C'（原形不定詞）　　　副詞

SVO 文型の文です。V には現在完了形がきています。

　関係代名詞 that が導く節の中で使われている「《help＋O＋原形不定詞》」の用法を学びます。

FOCUS-54 ──[《help＋O＋原形不定詞》の用法]

help employees **reach** career goals（社員たちがキャリア目標を達成できるよう手助けする）の部分に着目します。《help＋O＋原形不定詞》の形となっており、reach の部分が原形不定詞（＝ to がつかない不定詞）になっています。

この用法では (S)VOC 文型になり、O が C の意味上の主語になります。つまり、reach career goals をするのは employees であるということです。

help	employees	reach career goals
V	O	C（原形不定詞）

↑意味上の主語

なお、本書の第 27 問では《help＋O＋不定詞》の用法を学びました。

---

27. A consulting firm was hired to **help** R&J Manufacturing **to create** a program of incentives to increase the efficiency of its production line workers.

どちらも「O が〜するのを手伝う［促進する］」という意味ですが、アメリカ英語では to をつけないほうが一般的です。

『炎の千本ノック！　パート5徹底攻略』では、他にも《help＋O＋原形不定詞》の用法が登場しています。

---

78. Since April 1, interns at Gallagher's Law Firm have been immersed in legal training to **help** them **prepare** to be good lawyers.
（ギャラガー法律事務所のインターンは、優秀な弁護士になるために4月1日から法律研修に没頭しています）

＊ them は interns at Gallagher's Law Firm のことを指している。

適切な意味の副詞を選ぶ問題です。

選択肢にはさまざまな副詞が並んでいるので、適切な意味の副詞を選ぶ問題だとわかります。英文の意味を考えて文意に合う副詞を選ばなければならないので、語彙問題に似ています。

「人事部のマネージャーたちは、社員が〜キャリア目標を達成できるよう革新的な道筋を考案した」という英文で、「〜」部分に入れて文意が通る副詞は何かを考えます。

(D)の gradually「徐々に、次第に」であれば、文意が通ります。

gradually は過去にも出題されていますが、この問題が少しだけ難しいのは gradually を入れる空欄が文末にあるという点です。最近は、空欄前後だけでなく英文全体を読ませる、工夫された問題が増えています。

(A)abundantly「豊富に、非常に」、(B)manually「手で、手動で」、(C)relatively「比較的に、相対的に」では、どれも文意が通りません。

スラッシュリーディング

Managers / in our human resources department /
マネージャーたちは / 人事部の /

have created an innovative pathway /
革新的な道筋を考案しました /

that will help employees /
社員らを助ける /

reach career goals gradually.
少しずつキャリア目標を達成するよう

第30問

次の選択肢の中から正しいものを選びなさい。

The government has decided to (　) visa restrictions in order to make the country more accessible to foreign tourists. （パート5徹底攻略・第11問）

(A) be lost
(B) loosing
(C) loosed
(D) loosen

ヒント！

The government has decided / to (　) visa restrictions / in order to make the country more accessible / to foreign tourists.

単 語 の 意 味

decide [dɪsáɪd]·························（〜すること）に決める
restriction [rɪstríkʃən]··············規制
in order to 〜·····························〜するために
make A B·····························A を B の状態にする
accessible [æksésəbl]············アクセスしやすい

訳

政府は、外国人観光客が訪れやすい国にするために、ビザの規制を緩めることに決めました。

構文解析

> The government has decided to loosen visa restrictions in order to make the country more accessible to foreign tourists.

The government | has decided | to loosen visa restrictions
S | V（現在完了形） | O（不定詞・名詞用法）

in order to make | the country | more accessible
in order to do　V'　　　　　O'　　　　　C'（比較級 more＋形容詞）
「〜するために」（目的）

to foreign tourists.
　　前＋名

　SVO 文型の文です。O には名詞用法の不定詞がきています。

　ここでは、「『目的』を表す表現 in order to do」と「《make＋O＋名詞・形容詞》」の用法について学びます。

FOCUS-55 ——「目的」を表す表現 in order to *do*

in order to make the country more accessible to foreign tourists（外国人観光客が訪れやすい国にするために）の部分に着目します。不定詞の副詞用法 to *do* だけでも「目的」を表しますが、より「目的」を明確にした表現が in order to *do* です。単なる to *do* よりもかたい表現ですが、パート5でも頻繁に出題されています。

本問では文の途中で in order to *do* が登場しますが、文頭でも用いることができます。本書の第37問では、文頭に in order to *do* がおかれています。この場合、不定詞句の終わりにコンマがつきます。

---

37. **In order to attract** more attention to the problem, the government is considering creating a Web site on environmental issues.

なお、「目的」を表す不定詞の副詞用法 to *do* も文頭におくことができます。前作では次の問題で出てきていました。

---

18. **To receive** reimbursement for travel expenses incurred at the conference held in Miami last week, submit an expense report no later than Friday.
（先週マイアミで開催された会議でかかった旅費の払い戻しを受けるには、金曜までに経費報告書を提出してください）
『1日1分！ TOEIC® L&R テスト 炎の千本ノック！ 文法徹底攻略』（2021年刊行）より

本書で取り上げた55問には含まれていませんが、『炎の千本ノック！ パート5徹底攻略』にも in order to *do* の用法が複数登場しています。

43. **In order to comply** with the latest accounting regulations, retailers must complete an inventory count at least 30 days before the end of their fiscal year.
（最新の会計規則に準拠するためには、小売業者は会計年度末の少なくとも30日前までに棚卸しを完了しなければなりません）

56. Silverstone Pharmaceuticals has decided to build some cold storage warehouses **in order to accommodate** its vaccines.
（シルバーストーン製薬では、ワクチンを収納するために低温倉庫をいくつか建設することに決めました）

58. **In order to meet** the high demand for its products, the plant manager set machines at twice the standard speed.
（同社製品への高い需要を満たすために、工場長は機械を標準速度の二倍に設定しました）

116. **In order to evaluate** this year's interns, the Human Resources department has allocated a distinct task to each of them.
（今年のインターンを評価するために、人事部ではそれぞれのインターンに個別のタスクを割り当てました）

FOCUS-56 ──[《make＋O＋名詞・形容詞》の用法]

make the country more accessible（訪れやすい国にする）の部分に着目します。ここでの make は SVOC 文型で「O を C の状態にする」の意味で使われています。C には名詞もしくは形容詞がきます。問題文では more accessible という《比較級 more＋形容詞》がきています。

make	the country	(more) accessible
V	O	C（形容詞）

《比較》
make＋O＋C（名詞）

Her leadership skills have made her a great asset to the company.
（彼女はそのリーダーシップスキルゆえに会社にとって貴重な存在となっている）

make＋O＋C（形容詞）

The experience has made her stronger.
（その経験は彼女を一層強くした）

　SVOC 文型をとる make の用法として、もうひとつ、C の位置に「動詞の原形」がくるパターンがあります。この場合は「O に～させる」という意味になります。

make＋O＋C（動詞の原形）

It made him quit smoking.
（そのことで彼はタバコをやめざるをえなかった）

　make はシンプルな単語ながら、多彩な用法をもつ単語です。「～を作る」という基本的な意味だけでなく、SVOC 文型で「O を C の状態にする」や「O に～させる」という意味にもなることをぜひ知っておきましょう。

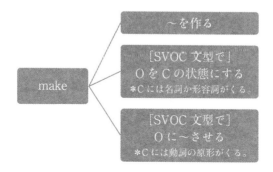

動詞の形を問う問題です。

(A)は loose の受動態（過去分詞）、(B)は loose の ing 形、(C)は loose の ed 形、(D)は loosen（動詞の原形）です。

動詞関連の問題では、まず主語をチェックします。

主語が the government で、動詞が has decided です。to ( ) visa restrictions 部分が動詞の目的語になるはずです。**目的語になるのは名詞か名詞句なので、この to は to 不定詞（to ＋動詞の原形）の to だとわかります。**
ここで使われているのは to 不定詞の名詞的用法で、to の後ろには動詞の原形が続き、「〜すること」という意味になるはずです。

選択肢の中で動詞の原形は(A)の be lost と(D)の loosen です。
ここでは「ビザの規制を緩めること」という意味になるはずだとわかるので、(D)の loosen が正解です。(A)の be lost は受動態なので、ここでは使えません。

loosen を他動詞として使う場合、「〜を緩める、解放する」という意味になります。

スラッシュリーディング

The government has decided / to loosen visa restrictions /
政府は決めました / ビザの規制を緩めること /

in order to make the country more accessible /
訪れやすい国にするために /

to foreign tourists.
外国人観光客にとって

第31問

次の選択肢の中から正しいものを選びなさい。

In order for The Society of Nature to (　) the preservation of local wetlands, a renowned environmentalist has been hired as a consultant.

（パート5徹底攻略・第148問）

(A) include

(B) amend

(C) alleviate

(D) guarantee

ヒント！

In order / for The Society of Nature / to (　) the preservation of local wetlands, / a renowned environmentalist has been hired / as a consultant.

単語の意味

in order for A to ～	A が～するために
preservation [prèzərvéiʃən]	保全、保護
wetland [wétlænd]	湿地
renowned [rináund]	著名な、有名な
environmentalist [invàiərnméntəlist]	環境問題専門家

訳

地域の湿地保全を確実に行うために、自然協会では著名な環境問題の専門家をコンサルタントとして雇いました。

構文解析

> In order for The Society of Nature to guarantee the preservation of local wetlands, a renowned environmentalist has been hired as a consultant.

in order for *A* to *do*「*A* が〜するために」
In order for The Society of Nature
　　　　　　　　↑不定詞の意味上の主語

to guarantee the preservation (of local wetlands),
　不定詞　　　　　名　　　　　　　　前＋名

　　　　　過去分詞が名詞を修飾
a renowned environmentalist has been hired (as a consultant).
　　　　　S　　　　　　　　V（現在完了・受動態）　前＋名

　SV 文型の文です。文頭に「A が〜するために」を表す《in order for *A* to *do*》があり、V（動詞）を修飾しています。

　ここでは「不定詞における意味上の主語」と「前置詞としての as」について学びます。

FOCUS-57 ──[不定詞における意味上の主語]

In order for The Society of Nature **to guarantee** the preservation of local wetlands（自然協会が地域の湿地保全を確実に行うために）の部分に着目しましょう。**in order to do**（〜するために）の表現に、行為者を表す **for A** が組み込まれています。**in order for A to do** で「**A が〜するために**」という意味になります。**A** の部分は「意味上の主語」と呼ばれるもので、直後の不定詞の内容（to do）を行う人やモノを表します。問題文では to guarantee 以下を行うのは、The Society of Nature（自然協会）です。

　意味上の主語は、不定詞の名詞・形容詞・副詞いずれの用法でも使われます。

《比較》

名詞用法（〜すること）

　It was difficult for him to answer the question.

　（彼がその問いに答えることは難しかった）

形容詞用法（〜するための）

　There is no time for you to waste.

　（あなたには無駄にしていい時間などありません）

副詞用法（〜するために）

　In order for the team to win, each player must do their part.

　（チームが勝つために、各プレーヤーは自分の役割を果たさなければなりません）

FOCUS-58 ──[　前置詞としての as　]

as a consultant（コンサルタントとして）で使われている as に着目します。この問題文では「〜として」という意味

をもつ前置詞として使われています。パート5でも頻出ですので、asの「前置詞」「接続詞」、どちらの用法も知っておく必要があります。

＊asにはほかに「副詞」「代名詞」の用法もありますが、パート5で出題される可能性は低いため、ここでは取り上げません。

before/after/untilも前置詞・接続詞がともにある単語ですが、これらは意味自体も似ているため、わかりやすいと思います。対照的に、asは前置詞と接続詞では意味が異なります。

asは前置詞としては、「〜として」という意味があります。

Consultants assigned to the project must complete a non-disclosure form which was sent **as an attached file** in the email.　　　　　＊「添付ファイルとして」　＊本書・第42問より

本書の55問には含まれていませんが、『炎の千本ノック！パート5徹底攻略』の次の問題文でも前置詞としてのasが登場しています。

前置詞as「〜として」
38. **As** the leading provider of cybersecurity, Firewall Systems is used by companies throughout Europe and the Asia-Pacific region.
（サイバーセキュリティーの主要プロバイダー**として**、ファイアウォール・システムズはヨーロッパとアジア太平洋地域全域の企業で採用されています）

対して、接続詞の as は、①「〜するときに」（時）、②「〜なので」（理由）という意味でよく使われます。

接続詞 as

「〜するときに」（時）

109. The airport will start a yearlong renovation project, designed to enhance the safety of passengers **as they wait for flights near the gates.**

（その空港では、ゲート付近で乗客がフライトを待つ**時に**、彼らの安全向上を目的とした一年間の改修計画に着手します）

「〜なので」（理由）

141. In order to maintain the quality of all food products, carefully read instructions on labels **as improper storage can cause products to deteriorate.**

（不適切な保管は商品の劣化を招く恐れがあります**ので**、あらゆる食品の品質維持のため、ラベルの注意書きをよくお読みください）

パート5では、前置詞の as も接続詞の as も出題されます。それぞれの品詞ごとの意味をおさえておきましょう。

適切な意味の動詞を選ぶ問題です。

適切な意味の動詞を選ぶ問題は語彙問題と同じで、英文を読んで、全体の意味を考えなければなりません。

「地域の湿地保全を〜ために、自然協会では著名な環境問題の専門家をコンサルタントとして雇った」という英文で、「〜」部分にどの動詞を入れれば文意が通るかを考えます。

(D)の guarantee「〜を保証する、請け合う」であれば、文意が通ります。したがって、(D)の guarantee が正解です。

guarantee は半ば日本語になっている単語なのでさほど難しくはないのですが、英文の意味、ここでは特に preservation の意味がわからなければ正解できません。

パート5は語法とイディオムの問題が4割強を占めています。

なお、(A)include「〜を含む」、(B)amend「(法律など)を修正する、(誤りなど)を改める」、(C)alleviate「(苦痛など)を軽減する」では、文意が通りません。

スラッシュリーディング

In order / for The Society of Nature /
(〜するために)/ 自然協会が /

to guarantee the preservation of local wetlands, /
地域の湿地保全を確実に行うために /

a renowned environmentalist has been hired /
著名な環境問題の専門家が雇われました /

as a consultant.
コンサルタントとして

第32問

次の選択肢の中から正しいものを選びなさい。

It has become difficult to make a reservation at Amy's Cafe ( ) since the restaurant was featured in the magazine *Diner's Delight*.

（パート5徹底攻略・第7問）

- (A) ever
- (B) any
- (C) immediately
- (D) whenever

ヒント！

It has become difficult / to make a reservation / at Amy's Cafe / ( ) since the restaurant was featured / in the magazine *Diner's Delight*.

単 語 の 意 味

difficult [dífɪkəlt]························ 難しい、困難な
make a reservation·············· 予約する
feature [fíːtʃər]························ ～の特集を組む、～を特ダネにする

訳

『ダイナーズ・ディライツ』誌で特集されて以来ずっと、エイミーズ・カフェの予約を取るのが難しくなりました。

構文解析

> It has become difficult to make a reservation at Amy's Cafe ever since the restaurant was featured in the magazine *Diner's Delight*.

主節

It	has become	difficult	to make a reservation (at Amy's Cafe)
S	V（現在完了形）	C（形）	不定詞（＝真の主語）　　前＋名

従属節

[ever since the restaurant was featured

副詞　接続詞　　　S'　　　V'（過去形・受動態）

↓同格

in the magazine *Diner's Delight*].

前＋名＋名

　SVC 文型の文です。S には「形式主語 it」が使われています。真の主語にあたるのは、to make a reservation at Amy's Cafe（エイミーズ・カフェの予約を取ること）の部分です。

　ここでは「形式主語 it」について学びます。

FOCUS-59 ───[　　　　　形式主語 it　　　　　]

It has become difficult to make a reservation at Amy's Cafe（エイミーズ・カフェの予約を取ることが難しくなりました）の文頭に出てきている it に着目します。この it は「それ（は）」とは訳しません。「形式主語」として、うしろに続く「真の主語」である to make a reservation at Amy's Cafe（エイミーズ・カフェの予約を取ること）を指しているのです。

| **It** has become difficult | to make a reservation at Amy's Cafe |.
形式主語　　　　　　　　　　　真の主語

　形式主語 it が使われるのは、主語が長くなるのを避けるためです。仮に問題文が次の語順だったら、どうでしょうか。

| To make a reservation at Amy's Cafe | has become | difficult |.
　　　　　　　　S　　　　　　　　　　　　　V　　　　　C

　上のような文だと主語が長く、頭でっかちな文になってしまいます。それを避けるために形式的に it を文頭において、仮の主語とするのです。
　この形式をとるのは、真の主語が名詞句（不定詞、動名詞）か名詞節(that 節、wh- 節)のときです。また、SVC の C（補語）の部分には名詞か形容詞がきます。問題文では difficult（難しい）という形容詞がきています。

```
《形式主語から始まる文の構造》

 S  V  C  + 真の主語
 It　　名詞　　　↑名詞句（不定詞、動名詞）か
　　　形容詞　　　名詞節(that 節、wh- 節）がくる
```

適切な意味の副詞を選ぶ問題です。

(A)の ever は副詞、(B)の any は形容詞や代名詞、副詞、(C)の immediately は副詞、(D)の whenever は複合関係詞です。

まず、英文の意味を考えます。
空欄前までで「エイミーズ・カフェの予約を取るのが難しくなった」と言っています。
空欄後の接続詞 since 以降では「『ダイナーズ・ディライツ』誌で特集されて以来」と言っています。

空欄部分がなくても英文の意味はつながります。つまり、空欄には直後に置かれた since に意味を加える語が入るのではないかとわかります。

since に副詞の ever「ずっと」を付けて ever since とすると「〜以来ずっと」という意味になり、「ずっと」という点を強調することができます。したがって、(A)の ever が正解です。

スラッシュリーディング

It has become difficult / to make a reservation /
難しくなりました / 予約を取ることが /

at Amy's Cafe / ever since the restaurant was featured /
エイミーズ・カフェで / そのレストランが特集されて以来 /

in the magazine *Diner's Delight.*
『ダイナーズ・ディライツ』誌で

第33問

次の選択肢の中から正しいものを選びなさい。

Working in the industry for a minimum of ten years is seen as a critical step (　) being admitted onto the board of directors.

（パート5徹底攻略・第20問）

(A) upon

(B) since

(C) after

(D) toward

ヒント！

Working in the industry / for a minimum of ten years / is seen / / as a critical step / (　) being admitted / onto the board of directors.

単 語 の 意 味

industry [índəstri]······················ 業界、産業

minimum [mínɪməm]··············· 最低限、最小限

critical [krítɪkl]························· 重要な、決定的な

step [stép]······························· ステップ、一歩、段階

admit [ədmít]···························· 〜を入れることを許す、承認する

the board of directors········· 理事会、取締役会

答え　(D) toward

訳

業界で最低10年間働くことは、理事会に入るための重要なステップと見なされています。

構文解析

> Working in the industry for a minimum of ten years is seen as a critical step toward being admitted onto the board of directors.

Working (in the industry for a minimum of ten years)	is seen
S（動名詞）　前＋名　　　　前＋名　　　　前＋名	V（受動態）

(as a critical step toward being admitted
　前＋名　　　　　　前＋動名詞（受動態）

onto the board of directors).
　前＋名　　　　前＋名

　SV文型の文です。Sに動名詞を含む名詞句（＝名詞と同等の働きをする句）がきています。see O as ～「Oを～と見なす」のO（目的語）の部分がSにきている受動態の文です。

　ここでは「動名詞」と「前置詞＋動名詞」について学びます。

FOCUS-60 ───[動名詞]

　S（主語）にきている Working in the industry for a minimum of ten years（業界で最低10年間働くこと）に着目します。動詞 work（働く）に -ing がついて、動名詞になっています。

　「動詞」に -ing をつけることで、名詞と同等の役割を担うことができるようになります。「〜すること」という意味で、文の中でS（主語）やC（補語）、O（目的語）、前置詞の目的語になります。

《比較》

S（主語）になる

Working with others requires flexibility.

（他者と働くにあたっては柔軟性が必要となる）

→ working with others（他者と働くこと）というかたまり（＝名詞句）が主語になっている。

C（補語）になる

Our focus is **winning** the next game.

（われわれの焦点は次の試合に勝つことにある）

→ SVC 文型では「S＝C」の関係が成り立つ。つまり、our focus ＝ winning the next game の関係になっている。

O（目的語）になる

Isabel likes **working** in a team.

（イザベルはチームで働くのが好きだ）

→ 他動詞 likes（〜が好きだ）の目的語になっている。

前置詞の目的語になる

Matt is interested in **working** in the finance industry.

（マットは金融業界で働くことに関心がある）

→ working in the finance industry（金融業界で働くこと）が前置詞 in の目的語になっている。

-ing 形だからといって、「〜しているところだ」という進行形になっているわけではない点に注意しましょう。

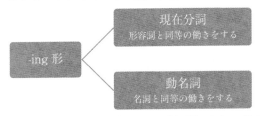

本書の次の問題文でも動名詞がS（主語）として使われています。

46. **Providing** top quality service at affordable prices is what matters the most to the dedicated staff at William's Coffee. ＊「最高品質のサービスを手頃な価格で提供すること」

FOCUS-61 ——[前置詞＋動名詞]

a critical step **toward being admitted**（承認されることに向けた重要なステップ）のところで使われている toward being admitted に着目します。この部分は「前置詞＋動名詞」になっています。前置詞の目的語になるのは、名詞だけではありません。名詞と同等の働きをする動名詞も、前置詞の直後に置くことができるのです。toward の直後が admitting ではなく、being admitted となっているのは、「承認すること」ではなく「承認されること」と受け身の意味で使われているからです。本書の次の問題も「前置詞＋動名詞」のパターンです。

of＋動名詞

39. One of the advantages **of having** an office outside the downtown area is the convenient access to the airport for clients who visit us from overseas.
＊「繁華街の外にオフィスを構えることの（利点）」

また、『炎の千本ノック！　パート5徹底攻略』では、ほかの前置詞と組み合わさったパターンも登場しています。

---

after＋動名詞

23. **After receiving** an anonymous letter complaining about our customer service, the manager decided to hold a staff meeting to address the issue.

（カスタマーサービスに苦言を呈する匿名の手紙を受け取ると、マネージャーはその問題に対処するためにスタッフ会議を開くことにしました）

by＋動名詞

44. **By focusing** its marketing on an older clientele, Kane Clothiers was able to expand its customer base by nearly 30%.

（年配の顧客に絞ってマーケティングを行ったことにより、ケイン・クロージャーズは顧客ベースを30％近く拡大することができました）

to＋動名詞

120. As of next week, all junior accountants will be dedicated exclusively **to assisting** clients who are trying to meet the March 31 tax deadline.

（来週以降、全ての会計士補は、3月31日の納税期限に間に合わせようとしているクライアントをサポートすることだけに専念します）

《to＋動名詞》の形でパート5で時々出題されるのが、《be committed to＋動名詞》です。「～することに専心［専念、尽力］する、～することに熱心である」という意味で使われます。

The company **is committed to providing** excellent customer service.

（その企業は卓越した顧客サービスを提供することに専念しています）

前置詞の問題です。

選択肢にはさまざまな前置詞が並んでいるので、前置詞の問題だとわかります。

前置詞の問題の場合、空欄前後をチェックするだけで解けるものもありますが、この問題は少し長めに英文を読まなければなりません。

空欄前までで「業界で最低10年間働くことは、重要なステップと見なされている」と言っていて、空欄後で「理事会に入るのを許されること」と言っています。

これら2つをつなぐことができて、文意が通る前置詞は何かを考えます。

(D)の toward「〜に向かって、〜の方へ」であれば、直訳すると「理事会に入るのを許されることに向けての重要なステップと見なされている」となり、文意が通ります。

(A)upon「〜の上に」、(B)since「〜以来」、(C)after「〜の後で」では文意が通りません。

ス ラ ッ シ ュ リ ー デ ィ ン グ

Working in the industry / for a minimum of ten years /
業界で働くこと / 最低10年間 /

is seen / as a critical step /
見なされます / 重要なステップとして /

toward being admitted / onto the board of directors.
入るのを許されることに向けて / 理事会に

第34問

次の選択肢の中から正しいものを選びなさい。

We initially agreed to rent the work space on a temporary (　), however, we ended up signing a three-year lease.

（パート5徹底攻略・第39問）

(A)　consent

(B)　basis

(C)　estimate

(D)　permission

ヒント！

We initially agreed / to rent the work space / on a temporary
(　), / however, / we ended up signing a three-year lease.

単語の意味

initially [ɪníʃəli] ························· 最初は、最初に
agree [əgríː] ····························· ～に同意する、合意する
rent [rént] ······························· ～を借りる
temporary [témpərèri] ············· 一時的な、暫定の
however [hauévər] ···················· けれども、しかしながら
end up ～ing ·························· 結局～することになる
lease [líːs] ······························· リース、賃貸借契約

答え (B) basis

訳

最初はワークスペースを臨時で借りる約束だったのですが、結局3年のリース契約を結びました。

構文解析

> We initially agreed to rent the work space on a temporary basis, however, we ended up signing a three-year lease.

We initially agreed to rent the work space
S　副詞　V　O（不定詞）

(on a temporary basis),
　　　前＋名

however, we ended up signing a three-year lease.
副　　S　V（句動詞）O（動名詞）
　　　↑ end（動詞）＋up（副詞）の句動詞

　前半はSVO文型の文です。agree（〜に同意する）はうしろに動名詞をとることはできない他動詞です。問題文のように agree to *do* と不定詞を続けます。また、カンマで挟まれた however は「しかしながら」という意味を表す副詞です。接続詞的に用いられていますが、品詞としては副詞である点に注意しましょう。副詞 however のあとは、SVO文型になっており、Oには動名詞がきています。

　ここでは、「句動詞」ならびに「句動詞＋動名詞」について学びます。

FOCUS-62 ───┤　　　　　句　動　詞　　　　　│

　we **ended up** signing a three-year lease（結局３年のリース契約を結びました）で使われている end up に着目します。end up（結局～に終わる）は、《動詞 end＋副詞 up》の組み合わせからなる「句動詞」です。2語で1語のように使われるため、《構文解析》コーナーでは「他動詞」扱いにしています。英語には《動詞＋副詞》や《動詞＋前置詞》のような組み合わせで「句動詞」として働く語句が多数あります。TOEIC 対策としておさえておきたい句動詞をご紹介します。

・carry out ～（～を実行する）
・come up with ～（～を思いつく）
・come with ～（～を搭載している）
・deal with ～（～に対処する）
・figure out ～（～を見つけ出す）
・fill out ～（～に入力する）
・go over ～（～を調べる）
・go through ～（～を経験する）
・hand out ～（～を配布する）
・keep up with ～（～に遅れずについていく）
・look over ～（～に目を通す）
・make up for ～（～の埋め合わせをする）
・mark down ～（～の値引きをする）
・pick up ～（～を車で迎えに行く）
・put together ～（～をまとめる）
・run out of ～（～がなくなる）
・set aside ～（～を取っておく）
・set up ～（～を設置する）
・take over ～（～を引き継ぐ）
・throw away ～（～を捨てる）
・turn down ～（～を断る）
・turn off ～（～を消す）
・turn out ～（結局～ということがわかる）

本書の次の問題は、句動詞が含まれる英文です。

・push back 〜（〜を延期する、先送りする）

24. Although the conference facility had initially been scheduled to open in spring of next year, the date has **been pushed back** to mid-June.

・sign up for 〜（〜に申し込む）

28. Belmont Publishing is currently offering a reduced rate specifically to encourage people to **sign up for** a three-year subscription.　＊sign up だけだと「署名する」の意味。

　また、本書で取り上げた55問には含まれていませんが、『炎の千本ノック！　パート5徹底攻略』には、ほかにも句動詞が複数登場しています。

・comply with 〜（〜に従う、応じる）

43. In order to **comply with** the latest accounting regulations, retailers must complete an inventory count at least 30 days before the end of their fiscal year.
（最新の会計規則に準拠するためには、小売業者は会計年度末の少なくとも30日前までに棚卸しを完了しなければなりません）

・move ahead（前進する）

61. The acquisition of Duplex Digital will **move ahead** quickly if approved by a majority of the board of directors.
（デュプレックスデジタル社の買収は、取締役会の過半数の承認が得られれば迅速に進むでしょう）

・look for 〜（〜を探す）

104. After the new human resources manager has been hired, we will **be looking for** somebody else to assist with the new hire interviews.
（新しい人事部長が雇われた後、採用面接を手伝ってくれる人を探す予定です）

FOCUS-63 ──[句 動 詞 ＋ 動 名 詞]

we **ended up signing** a three-year lease（結局 3 年のリース契約を結びました）では、「句動詞＋動名詞」の組み合わせになっています。up のような副詞のうしろに動名詞がくることに疑問をもった方もいるかと思いますが、句動詞 end up で 1 語の他動詞と同等に用いるため、このような使われ方もあります。give up *do*ing（〜するのをやめる）や put off *do*ing（〜することを先延ばしする）も同様のケースです。

イディオムの問題です。

空欄直前が on a temporary となっています。on a が大きなヒントとなります。

正解は(B)の basis です。on a 〜 basis はよく使われる表現で「〜ベースで」という意味になります。

on a weekly basis であれば「週に一度、週単位で」、on a monthly basis であれば「月に一度、月単位で」という意味になります。

この英文では on a temporary basis となっているので「臨時に、一時的に」という意味になります。on a temporary basis という表現を使った英文の temporary 部分を選ばせる問題も出題されています。

(A)の consent は「承諾、同意」、(C)の estimate は「予測、見積もり」、(D)の permission は「許可、承認」という意味で、どれも文意に合いません。

スラッシュリーディング

We initially agreed / to rent the work space /
私たちは当初同意しました / ワークスペースを借りること /

on a temporary basis, / however, /
臨時で / しかしながら /

we ended up signing a three-year lease.
結局3年のリース契約を結びました

第35問

次の選択肢の中から正しいものを選びなさい。

The (　) responsibilities of the facilitator are keeping the meeting on schedule, introducing speakers and leading discussions. (パート5徹底攻略・第135問)

- (A) affiliated
- (B) limited
- (C) primary
- (D) conditional

ヒント！

The (　) responsibilities / of the facilitator / are keeping the meeting on schedule, / introducing speakers / and leading discussions.

単語の意味

responsibility [rɪspàːnsəbíləti]⋯⋯ 責務、職責
facilitator [fəsílətèɪtər]⋯⋯⋯⋯⋯ 進行役、司会者
on schedule⋯⋯⋯⋯⋯⋯⋯⋯⋯⋯ 予定通りに

訳

進行役の主な役目は、会議を予定通りに進めること、講演者の紹介、そして議論を主導することです。

構文解析

> The primary responsibilities of the facilitator are keeping the meeting on schedule, introducing speakers and leading discussions.

The primary responsibilities (of the facilitator) are
　　　　　 S　　　　　　　　　　 前＋名　　　　 V

keeping the meeting on schedule, introducing speakers
　 C ①（動名詞を含む句＝名詞句）　　　 C ②（動名詞を含む句）

and leading discussions.
接　 C ③（動名詞を含む句）

　SVC 文型の文です。C（補語）に動名詞がきています。並列表現《A, B and C》が用いられ、動名詞を含む句（＝名詞句）が 3 つ並んでいます。

　ここでは「補語になる動名詞」、並列表現「A, B and C」、「補語の働きをする前置詞句」の用法について学びます。

FOCUS-64 ──[補語になる動名詞]

　～ are **keeping** the meeting on schedule, **introducing** speakers, and **leading** discussions（会議を予定通りに進めること、講演者の紹介、そして議論を主導することです）に着目します。この問題文では C（補語）に動名詞がきています。

　動名詞は動詞に -ing 形をつけることで、名詞と同じような働きをします。名詞と同じように、文の中で主語、補語、目的語になるわけです。

　本問では、are keeping という《be 動詞＋動詞の -ing 形》になっているため、現在進行形と勘違いしてしまった方もいるかもしれません。本問では SVC 文型で「S＝C」の関係が成り立ちます。つまり、The primary responsibilities of the facilitator（進行役の主な役目）＝ **keeping** the meeting on schedule, **introducing** speakers and **leading** discussions という関係が成り立ちます。仮に現在進行形と考えると、are keeping が V で、the meeting が O となりますが、SVO 文型では意味が成り立ちません。

FOCUS-65 ──[並列表現「A, B and C」]

　本問では 3 つの動名詞が「A, B and C」という等位接続詞を用いて並列されています。等位接続詞 and は同等な「語・句・節」を結びつけます。動名詞を含む句は「名詞句」（＝名詞と同等の働きをする句）ですので、ここでは「名詞句」が 3 つ並列されているわけです。

　A と B という 2 つのものを結びつけるときは、A and B となりますが、これが A/B/C という 3 つを並べるときは「A, B and C」となります。

ほかに、等位接続詞 and を使う定番表現として、《both A and B》と《between A and B》をおさえておきましょう。

---

both A and B「A も B も両方」

Beth can speak **both** English **and** German.
（ベスは英語もドイツ語も話せる）

＊ここでの both は副詞。A と B には文法的に同等のものが入る。上の例では「語」と「語」がきている。

between A and B「A と B の間に」

You can drop by our office **between** 3 **and** 4 P.M.
（午後 3 時から 4 時の間に弊社オフィスにお越し頂けます）

＊ between は前置詞。

　『炎の千本ノック！　パート 5 徹底攻略』（2021 年刊行）にもこれらの表現が含まれる問題文が出てきます。

---

both A and B

94. The Electronics Trade Fair and Consumer Electronics Show are of interest to **both** consumers **and** industry professionals alike.

（電子機器の見本市と CES は、消費者、業界の専門家を問わず両方の関心を引きます）　＊ CES ＝コンシューマー・エレクトロニクス・ショー

---

between A and B

119. To comply with the terms of the contract **between** our firm **and** Holden Securities, precautions must be taken to reduce the risk of date leaks.

（当社とホールデン証券との間の契約条件に従い、データ漏えいのリスクを減らすための予防措置をとる必要があります）

FOCUS-66 ── ［補語の働きをする前置詞句］

keeping the meeting **on schedule**（会議を予定通りに進めること）に着目します。動詞 keep には、《keep＋O＋C》で「O を C の状態に保つ」という意味があります。C の場所に形容詞や分詞がくるのは知っている方も多いと思いますが、本問の on schedule のように「前置詞＋名詞」（＝前置詞句）が来るケースもあるのはご存知でしたか。

on schedule 自体は「予定通りに」という意味です。The flight departed on schedule.（そのフライトは定刻通りに出発した）のようにも使えます。この場合は動詞 departed を修飾しています。一方で、本問では、次の関係性になっています。

keeping	the meeting	on schedule
V	O	C（前置詞句）

↑ O ＝ C の関係が成り立つ

《keep＋O＋C》の C にくる前置詞句として、ほかに in good shape もあげられます。

Regular exercise keeps us **in good shape**.
（定期的に運動することで私たちは体調を維持できる）

ほかに前置詞句が C（補語）の働きをするケースとして、《of＋抽象名詞》があります。この of は「〜の性質をもって」という意味で、例えば of interest は「興味深い」（＝形容詞 interesting）という意味になります。

94. The Electronics Trade Fair and Consumer Electronics Show are **of interest** to both consumers and industry professionals alike.　＊『炎の千本ノック！　パート5徹底攻略』より

上の問題文は、SVC 文型の文です。C の場所に of interest という前置詞句がきています。

語彙問題です。

語彙問題は英文を読み、全体の意味を考えなければなりません。

「進行役の〜役目は、会議を予定通りに進めること、講演者の紹介、そして議論を主導することだ」という英文で、「〜」部分に何を入れればいいのかを考えます。

(C)の **primary「主な」**であれば、文意が通ります。
副詞の primarily「主に」もパート5で出題されます。同義語である main「主な」やその副詞である mainly「主に」もパート5で出題されます。一緒に覚えましょう。

(A)affiliated「関連のある、提携している」、(B)limited「限られた、制限された」、(D)conditional「条件付きの、条件としての」では、どれも文意が通りません。

The primary responsibilities / of the facilitator /
主な役目は / 進行役の /

are keeping the meeting on schedule, /
会議を予定通りに進めることです /

introducing speakers, / and leading discussions.
講演者を紹介すること / そして議論を主導すること

第36問

次の選択肢の中から正しいものを選びなさい。

( ) having the most luxurious hotel rooms in the city, Cedar Estate also prides itself on having the renowned Max's restaurant. (パート5徹底攻略・第96問)

(A) Even if

(B) Rather than

(C) Instead of

(D) In addition to

ヒント！

( ) having the most luxurious hotel rooms / in the city, / Cedar Estate also prides itself / on having the renowned Max's restaurant.

単 語 の 意 味

luxurious [lʌgʒúəriəs] ………… 豪華な、ぜいたくな
pride oneself on 〜 ………… 〜を誇りにする、〜を自慢する
renowned [rináund] ………… 有名な、名高い

答え (D) In addition to

訳

シーダーエステイトは市内随一を誇る豪華な部屋に加え、有名なマックスズレストランも持っていることを誇りにしています。

構文解析

In addition to having the most luxurious hotel rooms in the city, Cedar Estate also prides itself on having the renowned Max's restaurant.

in addition to「〜に加えて」

(In addition to having the most luxurious hotel rooms
　　群前置詞＋動名詞

in the city,) Cedar Estate also prides itself
　前＋名　　　　　S　　　　 副　　 V 　 O

on having the renowned Max's restaurant.
前＋動名詞

　SVO 文型の文です。O に再帰代名詞の itself がきています。また、群前置詞 in addition to と前置詞 on のうしろには両方とも動名詞が続いています。

　ここでは、「再帰代名詞」と「群前置詞＋動名詞」について学びます。

FOCUS-67 ──[　　再帰代名詞　　]

　prides **itself** on のところで使われている再帰代名詞 itself に着目します。再帰代名詞とは、代名詞の語尾に -self/-selves をつけたもので、「〜自身」という意味になります。

　再帰代名詞は、①強調する、②動詞の目的語になるという2つの使い方があります。TOEIC でよく出題されるのは、①の強調パターンです。

　①は「（ほかでもない）〜自身が」という意味を強調するときに使われます。『炎の千本ノック！　パート5徹底攻略』（2021 年刊行）にこの用法が登場します。

---

12. <u>Jan Lee</u>, a member of the research and development department, has consistently demonstrated an ability to lead the team **herself**.
（研究開発部門の一員であるジャン・リーさんは、自らチームを統率する能力を一貫して示してきました）
＊主語の Jan Lee を強めるために使われている。本来は強調する語の直後に再帰代名詞を置くのが原則だが、口語英語では文末に置かれることも多い。

　問題文は②の「動詞の目的語」になっているパターンです。他動詞 pride「〜を誇りにする」の目的語になっています。itself が使われているのは、主語にきている Cedar Estate（シーダーエステイト）が三人称単数扱いだからです。TOEIC ではいろいろな架空の会社名が登場しますが、会社は三人称単数扱いです。

　主語と目的語にくる人物やモノが同一のとき、O のところには目的格ではなく、再帰代名詞を使います。

【正】 Cedar Estate also prides itself on 〜
　　　　　S　　　　　　　　V　　O （再帰代名詞）

【誤】 Cedar Estate also prides it on 〜
　　　　　S　　　　　　　　V　　O
　　　　　　　　　　　　↑ここに目的格 it は使えない！

In addition to having と on having という 2 箇所に着目します。群前置詞 in addition to のうしろと前置詞 on のうしろ、どちらにも動名詞 having が続いています。前置詞のうしろにくる語というと、名詞や代名詞を思い浮かべる方が多いかと思いますが、名詞の働きがある動名詞もくることをおさえておきましょう。

（群）前置詞のうしろに動詞を続ける場合、動名詞の形（-ing 形）にして、名詞と同等の働きをする語に変化させる必要があります。

《比較》

前置詞＋名詞

I'm very proud **of Shelly**.

（シェリーのことをとても誇らしく思います）

前置詞＋代名詞

I'm very proud **of her**.

（彼女のことをとても誇らしく思います）

前置詞＋動名詞

I'm very proud **of being** part of this team.

（このチームの一員であることをとても誇らしく思います）

＊動名詞以下は「名詞句」（＝名詞と同等の働きをする句）。

前置詞＋名詞節

I'm very proud **of what** our team has achieved.

（私たちのチームが成し遂げたことをとても誇らしく思います）

＊応用編。関係代名詞 what 以下は「名詞節」（＝名詞と同等の働きをする節）。

『炎の千本ノック！　パート5徹底攻略』には、ほかにも「群前置詞＋動名詞」の形が含まれる問題文が出てきます。

---

instead of＋動名詞（〜する代わりに）

131. **Instead of hosting** the exhibition at the Davidson Conference Center, this year's event will be held online.
（デビッドソン・カンファレンスセンターでの展示を主催することの代わりに、今年のイベントはオンライン上で開かれます）

　注意すべきは、「前置詞 to＋動名詞」の組み合わせです。例えば、下記の問題に出てくる表現 be dedicated to 〜は、「〜に専念する」という意味がありますが、ここでの to は前置詞の to であるため、うしろに動詞を続けるときは動名詞にする必要があります。to を見て、不定詞の to だと早とちりしないように注意しましょう。

---

120. As of next week, all junior accountants will **be dedicated** exclusively **to assisting** clients who are trying to meet the March 31 tax deadline.
（来週以降、全ての会計士補は、3月31日の納税期限に間に合わせようとしているクライアントをサポートすることだけに専念します）
　　　　　　　　　　　　＊『炎の千本ノック！　パート5徹底攻略』より

ほかに間違いやすい表現として次のものがあります。

・*be* accustomed to *do*ing（〜することに慣れている）
・*be* committed to *do*ing（〜することに専念する）
・*be* used to *do*ing（〜することに慣れている）
・get used to *do*ing（〜することに慣れる）
・devote … to *do*ing（〜することに…を捧げる）
・look forward to *do*ing（〜することを楽しみにする）
・object to *do*ing（〜することに反対する）

イディオムの問題です。

空欄後には動名詞が続いています。したがって、空欄に入るのは前置詞か群前置詞だとわかります。

(A)の Even if は接続詞の働きをするので、後ろに節(S+V)が続きます。したがって間違いだとわかります。

(B)の Rather than ～は「～よりむしろ」、(C)の Instead of ～は「～の代わりに」、(D)の In addition to ～は「～に加えて」という意味の群前置詞なので、後ろには名詞か名詞句が続きます。(B)(C)(D)のいずれかが正解だとわかります。

(B)(C)(D)のどれが正解かは英文の意味を考えます。
「シーダーエステイトは市内随一を誇る豪華な部屋～有名なマックスズレストランも持っていることを誇りにしている」という意味の英文で、「～」部分に入れて文意が通るのは(D)の In addition to です。

A in addition to B の形で出題されることも、この問題のように In addition to を文頭に置いて In addition to B, A … の形で出ることもあります。どちらで出題されても正解できるようにしましょう。

■ スラッシュリーディング

In addition to having the most luxurious hotel rooms /
随一を誇る豪華な部屋を持っていることに加えて /

in the city, / Cedar Estate also prides itself /
市内で / シーダーエステイトは同様に誇りにしています /

on having the renowned Max's restaurant.
有名なマックスズレストランも持っていることについても

第37問

次の選択肢の中から正しいものを選びなさい。

In order to attract more attention to the problem, the government is considering (　) a Web site on environmental issues.

（パート5徹底攻略・第60問）

(A) to create

(B) create

(C) creating

(D) created

ヒント！

In order to attract more attention / to the problem, / the government is considering / (　) a Web site / on environmental issues.

単語の意味

in order to 〜 ……………………… 〜するために
attract [ətrǽkt] ……………………（注意、興味など）を引く
attention [əténʃən] ……………… 注意、注目
consider [kənsídər] …………… （〜すること）を検討する、考える
issue [íʃuː] ……………………………… 問題、問題点

訳

その問題にもっと関心を持ってもらうために、政府は環境問題に関するウェブサイト作成を検討しています。

構文解析

> **In order to attract more attention to the problem, the government is considering creating a Web site on environmental issues.**

(In order to attract more attention to the problem,)
目的を表す in order to *do*「〜するために」　　　前＋名

the government | is considering
S　　　　　　　　 V（現在進行形）

creating a Web site on environmental issues.
O（動名詞＋名）

　SVO 文型の文です。V が is considering と現在進行形です。さらに、動詞 consider の目的語に「動名詞 creating ＋名」がきています。また、文頭で使われている in order to *do* は「〜するために」という意味で、「目的」を表す不定詞の表現です。

　ここでは、「うしろに動名詞が続く動詞」について学びます。

FOCUS-69 ──[うしろに「動名詞」が続く動詞]

　the government **is considering creating** a Web site（政府はウェブサイトの作成を検討しています）の is considering creating の部分に着目します。動詞の -ing 形が続いているので、間違いではないかと疑問に思った方もいるかもしれません。これは「現在進行形の -ing 形」と「動名詞の -ing 形」が続いているという構造です。

　確かに is considering creating の部分は見た目からすると違和感のある続き方です。そのため、is considering to create のような不定詞が続くのではと思って (A) を選んだ方もいるかもしれません。しかし、そこが落とし穴です。consider はうしろに動詞を続けるとき、不定詞ではなく動名詞の形しか選べない、ということを知っているかが問われています。

　consider のようにうしろに「動名詞」が続く動詞をご紹介します。

- admit（〜を認める）

  Andy **admitted** making several mistakes.
  （アンディはいくつか間違えたことを認めた）

- avoid（〜を避ける）

  I **avoided** arguing with them.
  （私は彼らと議論するのを避けた）

- deny（〜を否定する）

  Jim **denied** being there at the time.
  （ジムはその時、そこにいたことを否定した）

- enjoy（〜を楽しむ）

  I really **enjoyed** attending the workshop.
  （ワークショップに参加して本当に楽しかったです）

- finish（〜を終える）

  We have just **finished** negotiating with the company.
  （われわれはその会社との交渉を終えたところです）

- imagine （〜を想像する）

  Have you ever **imagined** quitting your job?

  （仕事をやめることを想像したことがありますか）

- keep （〜を続ける）

  Food prices **keep** increasing.

  （食べ物の値段が上がり続けている）

- practice （〜を練習する）

  We **practice** speaking English to each other.

  （私たちはお互い英語で話す練習をします）

- suggest （〜を提案する）

  Beth **suggested** removing the slide.

  （ベスはそのスライドを取り除くことを提案した）

　『炎の千本ノック！　パート5徹底攻略』（2021年刊行）では「うしろに動名詞が続く動詞」として risk が登場します。

---

risk＋動名詞「〜する恐れがある」

147. Tour group participants are requested to arrive punctually for the excursion, or **risk** losing their seat to someone on the waiting list.

（ツアーグループに参加する方は、旅行に時間厳守でお越し頂かなければ、キャンセル待ちリストの方に席をお譲りする場合があります）

　なお、動詞の中には、不定詞・動名詞両方をうしろに続けることができるものの、意味が変わってきてしまうものもあります。forget/remember/stop の例をご紹介します。

《比較》

- forget *do*ing 「（過去に）〜したことを忘れる」

  I will never **forget** working with you.

  （あなたがたと一緒に働いたことを決して忘れません）

・forget to *do*「〜することを忘れる」

Henry **forgot** to bring his passport to the airport.
（ヘンリーは空港にパスポートを持ってくるのを忘れた）

《比較》

・remember *do*ing「(過去に) 〜したことを覚えている」

I **remember** staying here in 90's.
（1990年代にここに滞在していたことを私は覚えている）

・remember to *do*「忘れずに〜する」

Please **remember** to bring your passport.
（パスポートを持ってくるのを忘れないでください）

《比較》

・stop *do*ing「〜することをやめる」

Our stores have **stopped** accepting cash payments.
（当社の店舗では現金でのお支払いをお受けすることを取りやめ
ました）

・stop to *do*「〜するために立ち止まる」

They suddenly **stopped** to take a selfie.
（彼らは自撮りをするために突然立ち止まった）

動名詞の問題です。

他動詞には目的語として動名詞しかとれないもの、不定詞しかとれないもの、両方とれて意味が同じもの、両方とれて意味が異なるものがあります。

consider は後ろにくる目的語として、動名詞しかとれない他動詞です。 したがって、動名詞である (C) の **creating** が正解です。

これはトリック問題です。

空欄直前が is considering となっているので、力がない人は is considering creating と ［〜ing 形］が 2 つ続くのはおかしいと思ってしまい、正解である creating を選べないのです。

最初の is considering は進行形なので、現在分詞の〜ing です。対して、空欄に入るのは動名詞の〜ing なので、続けて使っても問題はありません。

動名詞は、動詞を ［〜ing 形］にすることで名詞的な役割を持たせたもので「〜すること」という意味になります。

In order to attract more attention / to the problem, /
もっと関心を持ってもらうために / その問題に /

the government is considering / creating a Web site /
政府は検討しています / ウェブサイトを作成すること /

on environmental issues.
環境問題に関する

第38問

次の選択肢の中から正しいものを選びなさい。

Whenever a production line worker (　) a change in the quality of items, it must be reported to a supervisor immediately.

（パート5徹底攻略・第114問）

(A)　observes

(B)　reviews

(C)　prevents

(D)　guarantees

ヒント！

Whenever a production line worker (　) a change / in the quality of items, / it must be reported / to a supervisor immediately.

単 語 の 意 味

whenever [wenévər]················～するときはすぐ、～するときはいつでも
item [áɪtəm]································品物、製品
supervisor [súːpərvàɪzər]·········監督者、管理者
immediately [ɪmíːdiətli]···········すぐに、即座に

答え (A) observes

訳

生産ラインの作業員が製品の質に異変を察知したときには、すぐに監督者に報告する必要があります。

構文解析

> Whenever a production line worker observes a change in the quality of items, it must be reported to a supervisor immediately.

従属節

[Whenever | a production line worker | observes | a change
接続詞 　　　　　 **S'** 　　　　　 **V'** 　 **O'**（名）

(in the quality of items),]
　前＋名　　　前＋名

主節

it | must be reported | to a supervisor | immediately.
S 　 V（助＋受動態）　　　 前＋名 　　　　　 副詞

↑ it は従属節の a change を受けている

　SV 文型の文です。V には《助動詞 must ＋受動態》がきています。接続詞 whenever が導く従属節の中は SVO 文型になっています。

　ここでは「接続詞 whenever」について学びます。

FOCUS-70 ──[　　接続詞 whenever　　]

Whenever a production line worker observes a change in the quality of items（生産ラインの作業員が製品の質に異変を察知したときはいつでも）で使われている接続詞 whenever に着目します。

whenever「〜するときはいつでも」は、when＋ever の組み合わせから成り、接続詞 when「〜するとき」を強調した語です。whenever が導く節は従属節（より具体的には副詞節）となり、主節全体（it must be reported to a supervisor immediately）を修飾しています。

「副詞節」というのは、副詞と同等の働きをする「節」（＝ SV を含む2語以上のかたまり）のことです。「名詞節」は文の中で S/O/C の位置にくることができ、「形容詞節」は名詞を修飾するという特徴がありますが、副詞節は文の要素（＝ S/V/O/C のいずれか）にもなりませんし、名詞を修飾したりもしません。

なお、when が導く副詞節の中では未来のことも現在形で表すというルールがありますが、このルールは whenever のときも同様です。whenever 節の中で未来を表す will を用いたりはしません。

接続詞 whenever にはもうひとつ「たとえいつ〜しようとも」という「譲歩」を表す用法があることも覚えておきましょう。

whenever
《時》〜するときはいつでも
《譲歩》たとえいつ〜しようとも

＊ whenever は辞書では「接続詞」として分類されていますが、文法書では「複合関係副詞」に分類されるケースが多いです。

適切な意味の動詞を選ぶ問題です。

適切な意味の動詞を選ぶ問題は語彙問題と同じで、英文を読んで、全体の意味を考えなければなりません。

「生産ラインの作業員が製品の質に異変を〜ときには、すぐに監督者に報告する必要がある」という英文で、「〜」部分にどの動詞を入れれば文意が通るかを考えます。

文意が通るようにするには、「気が付く、見つける」のような意味の動詞が入るとわかります。したがって、(A)のobserves「〜に気が付く」が正解です。

observe には「〜を観察する」という意味もあります。この意味しか覚えていない人は、間違えるかもしれません。それぞれの単語には、複数の意味があることが多いです。
英文を読みながら、それぞれの単語が持っているニュアンスを覚えるようにしましょう。

選択肢には全て三人称単数現在の -s が付いています。(B)のreview「〜を再調査する、見直す」、(C)の prevent「〜を防ぐ、はばむ」、(D)の guarantee「〜を保証する、請け合う」では、文意が通りません。

スラッシュリーディング

Whenever a production line worker observes a change /
生産ラインの作業員が異変を察知したときにはいつでも /

in the quality of items, / it must be reported /
製品の質に / それ(=異変)は報告される必要があります /

to a supervisor immediately.
すぐに監督者に

第39問

次の選択肢の中から正しいものを選びなさい。

One of the (　) of having an office outside the downtown area is the convenient access to the airport for clients who visit us from overseas.

（パート5徹底攻略・第40問）

(A) advantage
(B) advantaged
(C) advantaging
(D) advantages

ヒント！

One of the (　) ／ of having an office ／ outside the downtown area ／ is the convenient access ／ to the airport ／ for clients ／ who visit us from overseas.

単 語 の 意 味

downtown area·················繁華街
convenient [kənvíːnjənt]········便利な、使いやすい
overseas [òuvərsíːz]···············外国へ、海外へ

答え (D) advantages

訳

繁華街の外にオフィスを構える利点のひとつは、海外から訪れるクライアントにとって空港へのアクセスが良いことです。

構文解析

One of the advantages of having an office outside the downtown area is the convenient access to the airport for clients who visit us from overseas.

One (of the advantages of having an office
S　　　　前＋名　　　　　前＋動名詞

outside the downtown area) is the convenient access
前＋名　　　　　　　　　　V　　C（名）

↓関係代名詞 who（主格）が導く形容詞節
to the airport for clients [who visit us from overseas].
前＋名　　　前＋名（先行詞）S'　V'　O'　　前＋副

　SVC 文型の文です。「主格」の関係代名詞 who が導く節（＝形容詞節）が先行詞 clients（クライアント）をうしろから修飾しています。

　ここでは「関係代名詞 who」と「前置詞 from ＋副詞・前置詞句」について学びます。

FOCUS-71 ──── [　　　関 係 代 名 詞 who　　　]

　clients **who** visit us from overseas（海外から訪れるクライアント）のところで使われている who に着目します。who には「疑問代名詞」以外に、「関係代名詞」としての働きがあります。

who
《疑問代名詞》だれ
《関係代名詞》〜するところの…

　パート５の問題文を正確に理解するうえで、関係代名詞の理解は欠かせません。関係代名詞は「代名詞」の一種ですが、「節」（＝ SV を含む２語以上のかたまり）を導き、形容詞節として直前の名詞（＝先行詞）を修飾するという役割があります。
　形容詞が名詞を修飾するように、関係代名詞が導く形容詞節も名詞を修飾するのです。ただし、《先行詞＋関係代名詞が導く節》という語順にするのがルールです。

先行詞となる名詞を
うしろから修飾する

[先行詞] ＋ [関係代名詞が導く節（＝形容詞節）]

　問題文では関係代名詞 who が使われていますが、どの関係代名詞が使われるかは、修飾する名詞（＝先行詞）の種類と導く「節」の中でどんな役割を果たしているかによって決まります。
　例えば、先行詞が clients（クライアント）のような「人」を表す名詞で、関係代名詞が導く節の中では「主語」として機能する場合は、「人」を先行詞にとる「主格」の who が用いられます。

関係代名詞の活用

先行詞	主格	目的格	所有格
人	who	whom/who	whose
モノ	which	which	whose
人・モノどちらでも	that	that	

＊「人」が先行詞のときの目的格は whom/who 両方使われます。口語英語では who が使われます。リーディングセクションでは whom が、リスニングセクションでは who が使われます。

　問題文をアレンジした次の文を例に、なぜ「主格」の who が使われているのか考えてみます。

① We have clients.
（われわれにはクライアントがいる）
② They visit us from overseas.
（彼らは海外からわれわれを訪ねてくる）

　上の二つの文を一文にしたいときに関係代名詞が使われます。①と②で、clients と they は同じ人たちを指しています。そして、②の文の中で、they は「主語」です。主語になっている代名詞 they を関係代名詞に置き換えると、「主格」の who に相当します。

	主格	目的格	所有格
代名詞	they	them	their
関係代名詞	who	whom	whose

　そのため、①と②の文を1つにまとめると、次の文が完成します。

We have clients **who** visit us from overseas.
　　　先行詞　　↑関係代名詞 who が導く形容詞節
（われわれには海外から訪ねてくるクライアントがいる）

比較のため、「目的格」「所有格」の例も挙げます。

「目的格」

① We have clients.
　（われわれにはクライアントがいる）

② We trust them.
　（われわれは彼らを信頼している）

↓　一文にまとめると

We have clients **(whom)** we trust.
（われわれには信頼するクライアントがいる）
＊目的格の関係代名詞は省略されることが多い。

「所有格」

① We have clients.
　（われわれにはクライアントがいる）

② Their names are well-known.
　（彼らの名前はよく知られている）

↓　一文にまとめると

We have clients **whose** names are well-known.
（われわれには名前がよく知られたクライアントがいる）

本書で取り上げた55問には含まれていませんが、『炎の千本ノック！ パート5徹底攻略』には、「主格」の関係代名詞 who が複数登場します。併せて学習しましょう。

---

68. Although there is a mandatory meeting scheduled for tomorrow morning, all employees **who** have appointments with clients will be excused.

（明日の朝に参加必須の会議が予定されていますが、クライアントとの予約がある従業員は全員出席が免除されます）

＊主節の主語 all employees を who が導く形容詞節が修飾している。このように主語にくる名詞が修飾されると、主語が長くなり、文の難易度が上がる。

120. As of next week, all junior accountants will be dedicated exclusively to assisting clients **who** are trying to meet the March 31 tax deadline.

（来週以降、全ての会計士補は、3月31日の納税期限に間に合わせようとしているクライアントをサポートすることだけに専念します）

＊動名詞 assisting の目的語になっている clients がうしろから修飾されている。

121. Though it is costly, the XP shipping option is perfect for clients **who** have important deliveries **that** need to be expedited.

（料金は上がりますが、XP配送は、急送する必要のある重要な配達物がおありのお客様にはぴったりです）

＊前置詞 for の目的語になっている clients が修飾されている。なお、関係代名詞 that 以下（＝ that need to be expedited）は deliveries を修飾している。that は「人」にも「モノ」にも使える関係代名詞。

＊波線部分＿＿：who が導く形容詞節

FOCUS-72 ──［前置詞 from ＋副詞・前置詞句］

clients who visit us **from overseas**（海外から訪れるクライアント）のところで使われている from overseas（海外から）に着目します。この部分を見て、なぜ、前置詞 from のうしろに、副詞の overseas がくるのだろうと疑問に思った方もいるかもしれません。

通常、前置詞のうしろには名詞ならびに名詞相当語句（名詞句や名詞節）、代名詞が続きます。そのため、overseas という形容詞もしくは副詞として使われる語がきているのを不思議に思うのはもっともです。実は from は「〜から」という意味で使われるとき、うしろに「副詞」もしくは「前置詞＋名詞」（＝前置詞句）が続くこともあるのです。いくつか例をご紹介します。

《from＋副詞》
・from abroad（海外から）
・from here（ここから）
・from somewhere（どこからか）

《from＋前置詞＋名詞》
・from around the world（世界中から）
・from behind the door（ドアのうしろから）

パート５の問題として問われることはありませんが、問題文を正確に理解するために前置詞 from のうしろには副詞や前置詞句がくることも覚えておくとよいでしょう。

名詞の問題です。

選択肢に似た形の単語が並んでいるので、品詞問題かもしれないと考えます。品詞問題の場合、空欄前後が重要になります。

空欄前が冠詞の the で、空欄後は of having an office outside the downtown area と〈前置詞＋名詞句〉になっています。〈前置詞＋名詞句〉は修飾語なので、この部分をカッコでくくり、One of the (　) の空欄部分にどの品詞を入れればいいかを考えます。

冠詞の後ろには名詞が続きます。名詞は(A)の advantage と(D)の advantages です。

one of the ～「～のひとつ」と言う場合には、「～」部分には複数名詞が入ります。したがって、(D)の advantages「利点、メリット」が正解です。

TOEIC テストは時間がない中で解かなければならないので、他の選択肢をチェックしないで単数名詞である(A)advantage を間違って選ぶ人が一定の割合でいます。いわゆるトリック問題です。

スラッシュリーディング

One of the advantages / of having an office /
利点のひとつ / オフィスを構えることの /

outside the downtown area / is the convenient access /
繁華街の外に / 便利なアクセスです /

to the airport / for clients / who visit us from overseas.
空港への / クライアントにとって / 海外から弊社を訪れる

第40問

次の選択肢の中から正しいものを選びなさい。

Anyone who was given the Black VIP pass will be granted access to the backstage area for the ( ) of the music awards.

（パート5徹底攻略・第85問）

(A) creation

(B) monitor

(C) volume

(D) duration

ヒント！

Anyone / who was given the Black VIP pass / will be granted access / to the backstage area / for the ( ) of the music awards.

単 語 の 意 味

anyone who 〜 ………………………〜する誰も
grant A B ………………………………A に B を許可する、A に対して B を与える
award [əwɔ́ːrd] ……………………… 賞

訳

ブラック VIP パスをお持ちの方は、音楽賞の間、舞台裏への
アクセスが許可されています。

構文解析

> Anyone who was given the Black VIP pass will be
> granted access to the backstage area for the duration
> of the music awards.

↓関係代名詞 who（主格）が導く形容詞節

Anyone [who was given the Black VIP pass] will be granted
S　　　S'　　V'　　　　O'　　　　　　　　V
↑先行詞　　　　　　　　　　　　　　　　（助動詞＋受動態）

access (to the backstage area
O（名詞）　　前＋名

for the duration of the music awards).
前＋名　　　　　前＋名

　SVO 文型の文です。grant（〜を与える、授与する）は
SVO 文型と SVOC 文型の両方をとることができる動詞です
が、問題文では《grant＋O（人）＋O（モノ）》が受動態に
なっており、O（人）にあたる anyone が主語になっていま
す。

　ここでは「代名詞＋関係代名詞 who」について学びます。

FOCUS-73 ──[代名詞 ＋ 関係代名詞 who]

Anyone who was given the Black VIP pass（ブラック VIP パスをお持ちの方は誰でも）の部分に着目します。

　第39問では名詞 clients（クライアント）が先行詞になっていましたが、anyone（誰でも）のような「人」を表す代名詞も先行詞となり、うしろに関係代名詞が導く節が続きます。anyone は肯定文では「誰でも」という意味になります。したがって、anyone who 〜で「〜する人は誰でも」という意味になります。

　本書で取り上げた55問には含まれていませんが、『炎の千本ノック！　パート5徹底攻略』第73問は、代名詞 anyone ＋「主格」の関係代名詞 who が含まれる英文です。

---

73. The management position posted by the human resources department is open to anyone **who** has at least three years' sales experience.
（人事部によって掲示されている管理職のポジションは、少なくとも3年の営業経験がある誰もが応募できます）

　また、anyone who は **whoever** を使って書き換えることができます。

Anyone who (=Whoever) volunteers will get a complimentary lunch.
（ボランティアする人は誰でも無料のランチが食べられます）

　TOEIC では、anyone who と whoever ともに頻出です。

語彙問題です。

語彙問題は英文を読み、全体の意味を考えなければなりません。

「ブラック VIP パスを持っている人は、音楽賞の〜舞台裏へのアクセスが許可されている」という英文で、「〜」部分に何を入れればいいのかを考えます。

(D)の duration「継続期間、持続時間」であれば、文意が通ります。
duration は duration of the contract「契約期間」のように、ビジネスでもよく使われる単語です。

過去にはビジネスでよく使われる表現での出題が多かったので仕事で使っている人は正解しやすかったのですが、この問題のように （　） of the music awards と、ビジネス以外のシチュエーションで使われると少し難しいかもしれません。

(A)creation「創造、創作」、(B)monitor「監視装置、監視要員」、(C)volume「量、分量」では、文意が通りません。

スラッシュリーディング

Anyone / who was given the Black VIP pass /
どなたでも / ブラック VIP パスを与えられた /

will be granted access / to the backstage area /
アクセスが許可されます / 舞台裏への /

for the duration of the music awards.
音楽賞の間

第**41**問

次の選択肢の中から正しいものを選びなさい。

The Harrisville Community Center hosts a series of business training programs every weekend and is popular with (　) who are eager to start their own company.

（パート5徹底攻略・第19問）

(A) them

(B) some

(C) they

(D) those

ヒント！

The Harrisville Community Center / hosts a series of business training programs / every weekend / and is popular / with (　) / who are eager to start their own company.

単語の意味

host [hóust]‥‥‥‥‥‥‥‥‥‥‥‥‥〜を主催する
a series of 〜‥‥‥‥‥‥‥‥‥‥一連の〜、ひと続きの〜
be eager to 〜‥‥‥‥‥‥‥‥‥‥しきりに〜したがっている

答 え (D) those

訳

ハリスビル・コミュニティーセンターは一連の研修プログラムを毎週末開催しており、自分自身の会社を立ち上げたいと思っている人々に人気があります。

構文解析

> The Harrisville Community Center hosts a series of business training programs every weekend and is popular with those who are eager to start their own company.

The Harrisville Community Center | hosts
S | V

↓ a series of 〜「一連の〜」
a series of business training programs every weekend
O（名）　　　　　　　　　　　　　形＋名

who が導く形容詞節
and is popular with those [who are eager to start
接　V　C（形）前＋代名詞　S'　V' C'（形）不定詞
↑ those が先行詞

their own company].

　SVO 文型の節と (S)VC 文型の節とが等位接続詞 and で結ばれている文です。

　ここでは「those＋関係代名詞 who」「形容詞 every」「be 動詞＋形容詞＋to 不定詞」の用法について学びます。

FOCUS-74 ——[those ＋関係代名詞 who]

those who are eager to start their own company（自分自身の会社を立ち上げたいと思っている人々）のところで使われている those who に着目します。ここでの those は代名詞で、those who の形で「〜する人々」という意味になります。those who はパート5でも出題されることのある重要表現です。

問題文では次のように、関係代名詞 who が導く形容詞節がうしろから代名詞 those を修飾しています。

those **who** are eager to start their own company
関係代名詞 who が導く形容詞節

なお、those は that の複数形ですが、that who という表現はありませんので注意してください。

本書で取り上げた55問には含まれていませんが、『炎の千本ノック！　パート5徹底攻略』の第3問は、those who が含まれる英文です。

3. The most rewarding part of participating in the volunteer event is seeing the appreciation of those **who** benefit from the program.

（ボランティア活動に参加する上で最もやりがいを感じるのは、プログラムが人々の役に立ち、感謝してもらえたときです）

FOCUS-75 [　　形容詞 every　　]

every weekend（毎週）のところで使われている形容詞 every に着目します。ここでの every は「毎〜」という意味です。weekend「週末」は名詞ですから、「形容詞 every ＋名詞 weekend」という組み合わせになっているわけです。ここで、なぜ「形容詞＋名詞」であるのに、前置詞の on や at などがつかないのだろうと疑問に思った方もいるかもしれません。

次の組み合わせの場合、それ自体で副詞的に働き、前置詞は不要になります。

形容詞 every/last/this/next
+
weekend/week/year/season/morning/afternoon/evening などの名詞

　これはパート5で出題される項目ではありませんが、文法的に疑問に思っている方が多いと推察されるため、今回取り上げました。

　『炎の千本ノック！　パート5徹底攻略』の次の問題文で、どんなときに前置詞が不要なのか確認しておきましょう。

---

103. Almost four hundred SysTech 15-inch computer monitors have been donated to the Freeman County School District **this year**.
（約400台のシステック15インチモニターが<u>今年</u>フリーマン群学区に寄贈されました）

134. The new housing development that will be completed **next spring** is expected to be popular because the renowned Arcadia University is nearby.
（有名なアルカディア大学が近くにあるので、<u>来春</u>完成する予定の新しい団地は人気が出ると予想されます）

151. **Last year**, Carrington Beverages was able to boost its sales revenue through a merger with Redford Foods.
（<u>昨年</u>、キャリトンビバレッジズ社はレッドフォードフーズ社との合併により、総売上高を伸ばすことができました）

FOCUS-76 ──［be 動詞＋形容詞＋ to 不定詞］

　those who **are eager to start** their own company（自分自身の会社を立ち上げたいと思っている人々）のところで使われている「be動詞＋形容詞＋不定詞」に着目します。不定詞の副詞用法には、本書の第27問で取り上げたように次の用法があります。

①**目的**「〜するために」← TOEIC で頻出！
②感情の原因「〜して」
③結果「(V の結果) 〜する」
④判断の根拠「〜するとは (…だ)」

　それ以外に、eager（熱心な）など、人の傾向を表す形容詞と結びつく用法があります。次の組み合わせはぜひ覚えておきましょう。

- *be* **anxious** to *do*「〜することを切望する」
- *be* **eager** to *do*「ぜひ〜したいと思う、しきりに〜したがる」
- *be* **likely** to *do*「〜しそうである」
- *be* **unlikely** to *do*「〜しそうにない」
- *be* **willing** to *do*「快く〜する」
- *be* **unwilling** to *do*「〜するのに乗り気ではない」
- *be* **ready** to *do*「喜んで〜する」
  ＊「〜する準備ができている」の意味でも使われる。

代名詞の問題です。

この問題の場合、空欄直後に置かれた関係代名詞の who が大きなヒントになります。

空欄に代名詞の those「（一般的な）人々［物］」を入れると、those who are eager to start their own company で「自分自身の会社を立ち上げたいと思っている人々」となり、意味がつながります。

those who 〜 で、「〜である人々」という意味になり、よく使われる表現です。TOEIC 頻出問題のひとつでもあります。

those は代名詞以外にも「それらの、あの」という形容詞としての用法もあり、形容詞としてもよく使われます。

スラッシュリーディング

The Harrisville Community Center /
ハリスビル・コミュニティーセンターは /

hosts a series of business training programs /
一連の研修プログラムを開講しています /

every weekend /
毎週末に /

and is popular / with those /
そして人気です / 人々に /

who are eager to start their own company.
自分自身の会社を立ち上げたいと思っている

第42問

次の選択肢の中から正しいものを選びなさい。

Consultants assigned to the project must complete a non-disclosure form (　) was sent as an attached file in the email.

(パート5徹底攻略・第108問)

(A) which
(B) where
(C) either
(D) what

ヒント！

Consultants / assigned to the project / must complete a non-disclosure form / (　) was sent / as an attached file / in the email.

単 語 の 意 味

assigned to ～⋯⋯⋯⋯⋯⋯⋯⋯⋯～に任命された、割り当てられた
complete [kəmplíːt]⋯⋯⋯⋯⋯⋯⋯～を仕上げる、完了する
non-disclosure⋯⋯⋯⋯⋯⋯⋯⋯秘密保持、非公開
attached [ətǽtʃt]⋯⋯⋯⋯⋯⋯⋯⋯添付の、添付された

訳

そのプロジェクトに任命されたコンサルタントは、メールの添付ファイルで送られてきた秘密保持契約書に記入しなければなりません。

構文解析

Consultants assigned to the project must complete a non-disclosure form which was sent as an attached file in the email.

↓過去分詞の後置修飾

Consultants assigned to the project | must complete
S　　　　　過去分詞＋前＋名　　　V（助動詞＋動詞の原形）

a non-disclosure form
O（名）= 先行詞

関係代名詞 which が導く形容詞節が先行詞を修飾

[which | was sent | as an attached file | in the email].
S'　　 V'　　　　 前＋名　　　　　　 前＋名

　SVO 文型の文です。また、関係代名詞 which は節の中で、「主格」として機能しています。

　ここでは「関係代名詞 which」について学びます。

FOCUS-77 ──[関係代名詞 which]

　a non-disclosure form **which** was sent as an attached file in the email（メールの添付ファイルで送られてきた秘密保持契約書）のところで使われている which に着目します。

　which には「代名詞」と「形容詞」の用法があります。そして、「代名詞」の用法としては、「疑問代名詞」以外に、「関係代名詞」としての働きがあります。

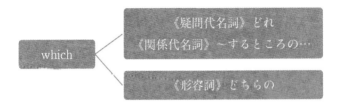

which
《疑問代名詞》どれ
《関係代名詞》～するところの…
《形容詞》どちらの

　問題文では関係代名詞 which が使われていますが、どの関係代名詞が使われるかは、修飾する名詞（＝先行詞）の種類と導く「節」の中でどんな役割を果たしているかによって決まります。例えば、先行詞が a non-disclosure form（秘密保持契約書）のような「モノ」を表す名詞で、関係代名詞が導く節の中では「主語」として機能する場合は、「モノ」を先行詞にとる「主格」の which が用いられます。

関係代名詞の活用

先行詞	主格	目的格	所有格
人	who	whom/who	whose
モノ	which	which	whose
人・モノどちらでも	that	that	

　「モノ」が先行詞の場合は which/which/whose が使われますが、「主格」の関係代名詞の場合、「人・モノ」どちらでも使える that が問題文ではよく用いられます。関係代名詞 that については、次の第43問で取り上げます。

関係代名詞の問題です。

英文の意味を考えると、主語が Consultants、動詞が must complete、目的語が a non-disclosure form だと判断できます。とすると、( ) was sent as an attached file in the email 部分は修飾語だと考えられます。したがって、修飾語を作る関係代名詞が空欄に入るのではと推測できます。

関係代名詞の問題だとすれば、(A) の which か (D) の what のどちらかになりますが、what は = the thing(s) which で先行詞を含みます。空欄前に先行詞である a non-disclosure form があるので、what は使えません。

空欄に入る関係代名詞の先行詞は a non-disclosure form「秘密保持契約書」で、「物」であり、「人」ではありません。

「物」が先行詞の場合、主格の関係代名詞である which か that を入れれば正しい英文になるとわかります。

選択肢に関係代名詞の that はなく、which があるので (A) の which が正解になります。選択肢に that があれば、that も正解になります。主格の関係代名詞を問う問題では、which、that ともに出題されます。

関係副詞または疑問詞である (B) where や、代名詞や形容詞や副詞である (C) の either は間違いだとわかります。

Consultants / assigned to the project /
コンサルタントは / そのプロジェクトに任命された /

must complete a non-disclosure form / which was sent /
秘密保持契約書に記入しなければなりません / 送られた

as an attached file / in the email.
添付ファイルで / メールに

第**43**問

次の選択肢の中から正しいものを選びなさい。

The information technology team promised (　) a strategy that will ensure our network remains secure at all times.

（パート5徹底攻略・第31問）

(A) to develop

(B) developing

(C) has developed

(D) development

ヒント！

The information technology team / promised / (　) a strategy / that will ensure / our network remains secure / at all times.

単語の意味

promise [prάːməs] ················· ～を約束する
strategy [strǽtədʒi] ·············· 戦略、計画、計略
ensure [ɪnʃúər] ····················· ～を確保する、確かにする、保証する
remain [rɪméɪn] ···················· (状態が) ～のままである
secure [sɪkjúər] ···················· 安全な、確実な
at all times ······················· いつも、常に

訳

IT チームは、ネットワークの安全性を常に確保できる対策を講じると約束しました。

構文解析

> The information technology team promised to develop a strategy that will ensure our network remains secure at all times.

The information technology team	promised
S	V

↓先行詞
to develop a strategy
O（不定詞）

↓接続詞 that が省略
[that | will ensure | our network remains secure at all times].
S'　　　V'　　　O'（that 節）　　　S"V"C"（形）　　　at all times「常に」
→関係代名詞 that が導く形容詞節

　SVO 文型の文です。O には不定詞がきています。また、関係代名詞 that が導く形容詞節は、先行詞 a strategy をうしろから修飾しています。

　ここでは「関係代名詞 that」と「接続詞 that の省略」について学びます。

FOCUS-78 ── 関係代名詞 that

a strategy **that** will ensure our network remains secure at all times（ネットワークの安全性を常に確保できる対策）のところで使われている that に着目します。that はシンプルながら、代名詞・形容詞・副詞・接続詞として使われる多機能な単語です。代名詞としては、「指示代名詞」「関係代名詞」として使われます。

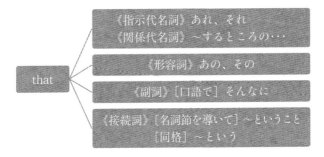

問題文では that は関係代名詞として使われ、先行詞 a strategy をうしろから修飾する節（＝形容詞節）を導いています。

関係代名詞の活用

先行詞	主格	目的格	所有格
人	who	whom/who	whose
モノ	which	which	whose
人・モノどちらでも	that	that	

上の表にあるように、that は「人」と「モノ」どちらも先行詞にとることができます。問題文では a strategy（対策）という「モノ」がきています。関係代名詞 that は、「主格」もしくは「目的格」として使われます。「所有格」として whose の代わりに使われることはありませんので注意してください。

a strategy **that** will ensure our network remains secure at all times 部分を見ると、that が主格として機能していることがわかります。

先行詞　　　　　　↓関係代名詞 that が導く形容詞節
a strategy [that will ensure our network remains secure at all times]
　　　　　　　　　 S'　　　 V'　　　 O'（that 節）
　　　　　　　 ↑節の中では「主語」。つまり、「主格」ということ。

　本書の次の問題にも、関係代名詞 that が主格として機能している文が登場します。

---

29. Managers in our human resources department have created an innovative pathway **that** will help employees reach career goals gradually.

55. SafePark Inc. is an innovative company **that** operates parking lots all over the city with prices well below the market average.　　　　　　　 ＊　　　　 部分が先行詞。

　なお、『炎の千本ノック！　パート5徹底攻略』には、関係代名詞 that（主格）が複数登場します。関係代名詞 that の理解はパート5の問題文を正確に理解するのに不可欠といえます。

---

4. Inspecting merchandise along the production line is an important job **that** requires each worker's full attention at all times.
（生産ラインでの検品は、各作業員が常に細心の注意を払う必要のある重要な仕事です）

106. Landscaping is a skill **that** requires the ability to shape the land to fit a client's request while also maintaining the land's beauty.
（造園とは、美しさを保ちつつ、クライアントの要望に合わせて土地を形作る能力を要する技能のことです）

137. According to the travel guidebook, the Wilmington walking tour **that** goes through the town's historic district is a worthwhile experience.
（旅行ガイドブックによると、街の歴史地区を回るウィルミントンの
ウォーキングツアーは価値のある体験だそうです）

FOCUS-79 ──[　接続詞 that の省略　]

　a strategy that will ensure our network remains secure at all times（ネットワークの安全性を常に確保できる対策）の部分にもう一度着目します。なぜ ensure と remains という二つの動詞があるのだろうと不思議に思ったかもしれません。実は、ensure の直後に接続詞の that が省略されているのです。

a strategy that will ensure * our network remains secure
　　　　　　　　　　　　　　↑接続詞 that が省略

　ここでの接続詞 that は「〜ということ」という意味で、名詞節を導きます。名詞節とは名詞と同等の働きをする「節」（= SV を含む2語以上のかたまり）のことです。名詞や名詞句が動詞の目的語になるように、that が導く名詞節も動詞の目的語になります。ただし、動詞の目的語になる場合、that は省略されることが多いです。
　問題文は ensure (that) S'＋V' の構造で、「S が V するということを確保［保証］する」という意味になります。《他動詞＋that 節》の組み合わせはパート5の問題文でよく見受けられます。動詞の目的語になる that 節の that 自体が省略されることを知っていないと、文構造がつかみにくくなることがあります。接続詞 that の省略にも留意しましょう。

不定詞の問題です。

that より前の主節の主語は The information technology team で、動詞が promised です。したがって、（　）a strategy は目的語だとわかります。

ちなみに、関係代名詞 that から始まる that will ensure our network 〜部分は修飾語、つまりおまけです。

目的語になるのは名詞か名詞句なので、空欄にどの選択肢を入れれば（　）a strategy 部分を名詞句にできるのかを考えます。

promise は後ろに動名詞をとらないので、(B)developing を入れることはできません。**to 不定詞（to＋動詞の原形）であれば、「〜すること」という意味になるので名詞句を作り、**promised の目的語となります。したがって、(A) の to develop「開発すること」が正解です。

不定詞の用法としては、この問題のように名詞的に使われる名詞的用法以外に、形容詞的用法「〜すべき、〜するための」、副詞的用法「〜するために」がありますが、3つの用法全てが出題されます。

スラッシュリーディング

The information technology team / promised /
IT チームは / 約束しました /

to develop a strategy / that will ensure /
対策を講じること / 確保する /

our network remains secure / at all times.
当社のネットワークが安全なままであること / 常に

第**44**問

次の選択肢の中から正しいものを選びなさい。

Elgin town council members decided that residents (　) houses were built before 2010 would not be affected by the new regulation.

（パート5徹底攻略・第77問）

(A) whom

(B) whose

(C) whomever

(D) who

ヒント！

Elgin town council members ／ decided ／ that residents (　) houses were built before 2010 ／ would not be affected ／ by the new regulation.

単 語 の 意 味

town council ························ 町議会
resident [rézədənt] ················· 住民、住人
affect [əfékt] ······················ ～に影響を与える
regulation [règjəléiʃən] ··········· 規制、規則

訳

エルジン町議会は、2010 年以前に建てられた家の住民は新規制の影響を受けないと決定しました。

構文解析

> Elgin town council members decided that residents whose houses were built before 2010 would not be affected by the new regulation.

Elgin town council members | decided
S | V

↓先行詞　　関係代名詞 whose が導く形容詞節がうしろから修飾
that residents [whose houses were built (before 2010)]
O（that 節）S'　　　S"　　　V"　　　前＋「年」を表す語

would not be affected (by the new regulation).
V'　　　　　　　　　前＋名

　SVO 文型の文です。O には接続詞が導く that 節がきています。that 節内の主語（S'）は residents（住民）で、関係代名詞 whose が導く節（＝形容詞節）がうしろから修飾しています。

　ここでは「関係代名詞 whose」と「時制の一致」について学びます。

FOCUS-80 ──[関係代名詞 whose]

　residents **whose** houses were built before 2010（2010年以前に建てられた家の住民）で使われている whose に着目します。代名詞 whose は「疑問代名詞」と「関係代名詞」の用法があります。

whose
- 《疑問代名詞》だれの：だれのもの
- 《関係代名詞》その〜がするところの…

　whose が関係代名詞として使われるとき、形は《先行詞＋whose＋名詞》になります。つまり、whose の前後には必ず名詞がセットでついてくるわけです。問題文でも、residents whose houses となっていますね。

関係代名詞 whose が導く形容詞節がうしろから修飾

residents [**whose** houses were built (before 2010)]
S'（名詞）　　　S"　　　　V"　　　前＋「年」を表す語
↑先行詞

　whose の使い方を理解しやすいように、問題文をアレンジして取り上げます。次の2つの文を1つの文にまとめるときに、そのカギとなるのが関係代名詞 whose です。

> There are residents.　**Their** houses were built before 2010.
> （住民がいる）　　　　（彼らの家は2010年以前に建てられた）
> ↓　　　　　　　　　　↓ their を関係代名詞 whose に置き換える
> There are residents.　whose houses were built before 2010.
> ↓二文を一文にすると
> There are residents **whose** houses were built before 2010.

なお、下の表にあるように、whose は先行詞が「人」でも「モノ」でも OK です。問題文では residents という「人」がきています。

関係代名詞の活用

先行詞	主格	目的格	所有格
人	who	whom/who	whose
モノ	which	which	whose
人・モノどちらでも	that	that	

FOCUS-81 ──[　時 制 の 一 致　]

　Elgin town council members **decided** that residents … **would not be affected** by the new regulation.（エルジン町議会は家の住民は…新規制の影響を受けないと決定しました）のところで使われている主節の動詞 decided と、従属節である that 節内で使われている would not be affected に着目します。

　by the new regulation（その新規制によって）とあるにもかかわらず、will の過去形 would が使われていることを疑問に思った方もいるかもしれません。これは、従属節内の動詞が主節の動詞の時制に影響を受ける「時制の一致」によるものです。

《比較》
・**主節の動詞が現在形の場合**
　I **think** (that) the workshop **is** great.
　（そのワークショップは素晴らしいと思う）

・**主節の動詞が過去形の場合**
　I **thought** (that) the workshop **was** great.
　（そのワークショップは素晴らしいと思った）
＊主節の動詞の時制（＝過去形）にそろえて、接続詞 that が導く従属節内の動詞も was と過去形になる。

　問題文では主節の動詞が decided（決定した）と過去形になっているため、従属節内の未来を表す助動詞 will も過去形の would になっています。

　ただし、「時制の一致」が適用されないケースも見受けられます。パート 5 の問題文に限っていえば、主節の動詞にannounced（発表した）が使われて、うしろに that 節が続くケースです。『炎の千本ノック！　パート 5 徹底攻略』には、that 節内が will のままである英文が 2 つ登場しています。

---

72. Wellington Foods **announced that** it **will** replace all of its gas-powered delivery trucks with electric vehicles by the end of this year.
（ウェリントンフーズは、年内に全ての配送用トラックをガソリン車から電気自動車に切り替えると発表しました）

140. The land development company **announced that** it **will** be distributing additional information about the facility in one month.
（土地開発会社は、1 カ月後に施設に関する追加情報を配信すると発表しました）

　英語圏のメディア記事でも、The government announced that it will 〜や、The president announced that he/she will 〜 のように、時制の一致が適用されないケースが《announced ＋ that 節》の場合はよく見受けられます。

　なお、主節の動詞が現在完了形のときは、従属節内の動詞はそのまま用いることができます。本書の第 29 問では、主節が現在完了形で、従属節内で未来を表す助動詞 will がそのまま使われているケースが登場しています。

---

29. Managers in our human resources department **have created** an innovative pathway **that will** help employees reach career goals gradually.

関係代名詞の問題です。

選択肢には関係代名詞が並んでいるので、関係代名詞の問題ではないかと考えます。

この英文の主語は Elgin town council members、動詞が decided、この decided に続く that 節（that＋S＋V）が目的語です。

that 節内をチェックします。

residents が主語で、would not be affected が動詞です。that 節内の主語である residents を修飾するのが、（　）houses were built before 2010 です。「2010 年以前に建てられた家の住民」とすれば、意味がつながります。

ここでは先行詞は residents で、「人」です。**先行詞が人であっても物であっても、「〜の」という意味で先行詞の所有格となる場合には関係代名詞 whose を使います。**したがって、関係代名詞の所有格である (B) の whose が正解です。

Elgin town council members / decided /
エルジン町議会は / 決定しました /

that residents whose houses were built before 2010 /
2010 年以前に建てられた家の住民は /

would not be affected / by the new regulation.
影響を受けない / 新規制による

第**45**問

次の選択肢の中から正しいものを選びなさい。

Forest Logistics is moving (　) the outdated distribution system it has had in place since the company was founded.

(パート5徹底攻略・第48問)

(A) beyond

(B) except

(C) across

(D) within

ヒント！

Forest Logistics is moving / (　) the outdated distribution system / it has had in place / since the company was founded.

単 語 の 意 味

outdated [àutdéɪtɪd]･･･････････旧式の、時代遅れの
distribution system･･････････流通システム
have ～ in place･･･････････････～を設置する
found [fáund]･･････････････････～を創立する、設立する

訳

フォレスト運輸では、創業以来活用されてきた旧式の流通システムから脱却しようとしています。

構文解析

> Forest Logistics is moving beyond the outdated distribution system it has had in place since the company was founded.

Forest Logistics | is moving
　S 　　　　　　 V（現在進行形）

＊の場所に関係代名詞 which/that が省略

(beyond the outdated distribution system)[* it | has had
前＋名　　　　　　　　　　　　　　　　 S' V'（現在完了形）
↑先行詞　　　　　　　　　　　　　　　↑ it = Forest Logistics

in place since the company | was founded].
前＋名　接　　　S"　　　　V"（過去形の受動態）

　SV 文型の文です。V には現在進行形がきています。the outdated distribution system と it has had 〜の間に関係代名詞 which/that（目的格）が省略されています。省略されている関係代名詞（目的格）の直後にある it は、主節の主語である Forest Logistics（フォレスト運輸）を指しています。

　ここでは「関係代名詞の目的格（which/that）の省略」について学びます。

FOCUS-82 ──[関係代名詞の目的格の省略]

the outdated distribution system it has had in place since the company was founded（創業以来活用されてきた旧式の流通システム）の部分に着目します。it has had の直前に関係代名詞の目的格（which/that）が省略されていることに気がつきましたか。

関係代名詞の活用

先行詞	主格	目的格	所有格
人	who	whom/who	whose
モノ	which	which	whose
人・モノどちらでも	that	that	

目的格の関係代名詞は省略されることがとても多いです。

《例》
（　）内が省略されうる関係代名詞（目的格）
The speech (which/that) Jim gave was great.
（ジムが行ったスピーチは素晴らしかった）

Kate is a person (whom/who) we can trust.
（ケイトは私たちが信頼しうる人物です）
＊「人」が先行詞の場合、目的格は本来 whom とされるが、口語英語では who も「目的格」でよく用いられる。

問題文は省略された関係代名詞（目的格）の直後が it has had となっており、「it とは？」「has had とは？」と文法的に疑問に思うポイントが盛り込まれています。目的格の省略だけでなく、it が主節の主語である Forest Logistics（フォレスト運輸）を指していることや has had は現在完了形の《have [has]＋過去分詞》であることを見抜けるかも文理解のカギとなっています。

前置詞の問題です。

選択肢にはさまざまな前置詞が並んでいるので、前置詞の問題だとわかります。

前置詞の問題の場合、空欄前後をチェックするだけで解ける問題もありますが、この問題は少し長めに英文を読まなければならない問題です。

「フォレスト運輸では、創業以来活用されてきた旧式の流通システム〜動いている」と言っています。この英文で、どの前置詞であれば文意が通るかを考えます。

この「〜」部分に入れて文意が通るのは、(A)の beyond「〜を越えて、〜より以上に」だけです。
beyond を入れれば「〜を越えて動く」、つまり「〜を脱却する」という意味になります。

テスト改変前に比べ、よりフォーマルでビジネス寄りの表現や英文が多く使われるようになりました。きちんと英文を読んで意味を理解しなければなりません。

Forest Logistics is moving /
フォレスト運輸は動いている /

beyond the outdated distribution system /
旧式の流通システムを越えて /

it has had in place /
同社が設置してきた /

since the company was founded.
会社が設立されて以来

第46問

次の選択肢の中から正しいものを選びなさい。

Providing top quality service at affordable prices is (　) matters the most to the dedicated staff at William's Coffee.

（パート5徹底攻略・第14問）

(A)　that

(B)　what

(C)　whichever

(D)　all

ヒント！

Providing top quality service ／ at affordable prices ／ is (　) matters the most ／ to the dedicated staff ／ at William's Coffee.

単 語 の 意 味

provide [prəváɪd]‥‥‥‥‥‥‥‥‥‥〜を提供する、供給する
affordable [əfɔ́ːrdəbl]‥‥‥‥‥‥手頃な
matter [mǽtər]‥‥‥‥‥‥‥‥‥‥‥大切である、問題となる
dedicated [dédəkèɪtɪd]‥‥‥‥‥‥ひたむきな、熱心な、献身的な

訳

ウィリアムズ・コーヒーのひたむきなスタッフにとって何より大切なのは、最高品質のサービスを手頃な価格で提供することです。

構文解析

Providing top quality service at affordable prices is what matters the most to the dedicated staff at William's Coffee.

　　　　　　　　　　　　　　　　　　前＋名
Providing top quality service (at affordable prices) is
　　　　　　　　　　　S　　　　　　　　　　　　　　　　　　V

C（what が導く節）
[what matters the most (to the dedicated staff
　S'　　V'　　副詞　　　　前＋名

at William's Coffee)].
　前＋名

　SVC 文型の文です。Sには動名詞で始まる名詞句が、Cには what が導く節がきています。SVC 文型のため、「S = C」の関係が成り立ちます。また、what 節に目を向けると、the most という最上級（副詞）は、うしろから動詞 matters を修飾しています。

　ここでは「先行詞を含む関係代名詞 what」と「動詞を修飾する最上級 the most」と「動詞としての matter」について学びます。

FOCUS-83 ───[先行詞を含む関係代名詞 what]

what matters the most to the dedicated staff at William's Coffee（ウィリアムズ・コーヒーのひたむきなスタッフにとって何より大切なこと）で使われている what に着目します。

what には「代名詞」と「形容詞」の用法があります。そして、「代名詞」の用法としては、「疑問代名詞」以外に、「関係代名詞」としての働きがあります。

問題文で what は関係代名詞として使われています。この what は、本書の第39〜45問で取り上げてきた関係代名詞（who/which/whom/whose/that）と大きく異なる点があります。それは、what はそれ自体が「〜するところのもの［こと］」という意味になって、先行詞を含んでいるため、《先行詞＋関係代名詞》の形にはならないという点です。つまり、what 一語だけで、the thing(s) which に相当する意味をもっています。

そして、who/which/whom/whose/that は導く節が形容詞節（＝形容詞と同等の役割をする節）になったのに対して、what が導く節は名詞節（＝名詞と同等の働きをする節）になります。つまり、名詞が文の中で S（主語）、C（補語）、O（目的語）になるのと同様に、what が導く節も、S/C/O のいずれかになるということです。

問題文では、what が導く節（＝ what matters the most to the dedicated staff at William's Coffee）は、C（補語）になっています。

《比較》

・**主語になる what 節**

What Jack said was totally true.
（ジャックが述べたことは全くの真実だった）

・**補語になる what 節**

This is **what** Jack wanted.
（これがジャックが欲しかったものだ）

・**目的語になる what 節**

Jack got **what** he had wanted.
（ジャックは欲しかったものを手に入れた）

なお、what が導く節は、前置詞の目的語にもなります。次の文では、前置詞 about の目的語になっています。

I was suspicious about **what** Jack said.
（私はジャックが述べたことを疑っていた）

FOCUS-84 ──[動詞を修飾する最上級 the most]

what matters **the most** to the dedicated staff at William's Coffee（ウィリアムズ・コーヒーのひたむきなスタッフにとって何より大切なこと）で使われている the most に着目します。most は「代名詞」「形容詞」「副詞」として使われる多機能な単語です。

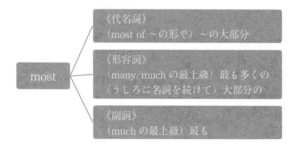

《代名詞》
（most of ～ の形で）～の大部分

most

《形容詞》
（many/much の最上級）最も多くの
（うしろに名詞を続けて）大部分の

《副詞》
（much の最上級）最も

問題文は次の構造になっています。

> what matters **the most**（何より大切なこと）
>
> 最上級 the most がうしろから動詞 matters を修飾

なお、the most の the は省略されることもあります。

FOCUS-85 ──[動詞としての matter]

　matter は、「名詞」「動詞」として使われる単語ですが、動詞として使われるときは、自動詞としての用法しかありません。「重要である」という意味で使われます。問題文では肯定文の中で the most と一緒に使われていますが、ほかに a lot や little などの副詞が続くこともあります。

> 《例》
> It **matters** a lot to me.
> （それは私にとって、とても大事なことなのです）
> It **matters** little to her.
> （それは彼女にとって、たいしたことではないのです）
> 　　　　　　＊ここでの前置詞 to は「～にとって」の意味。

　ほかに、形式主語 it を主語に置いて、うしろに wh- 節や that 節を続けるパターンも使われます。

> 《例》
> It doesn't **matter** whether it's true or not.
> （本当かそうでないかは重要ではない）
> It doesn't **matter** that they don't speak Japanese.
> （彼らが日本語を話さないことは重要ではない）

関係代名詞の問題です。

選択肢には(D)の all 以外、さまざまな関係代名詞が並んでいます。したがって、関係代名詞の問題ではないかと考えます。

文全体の主語が Providing top quality service at affordable prices で、動詞が is です。さらに空欄の後ろに、matters という動詞が来ているので、空欄には主格の関係代名詞が入ると分かります。

先行詞がないことから、正解は(B)の what だと分かります。(C)の whichever「〜するどれでも」も後ろに動詞を続けて使うことができますが、whichever では文意が通りません。

関係代名詞 what は、the thing(s) which ... で書き換えることのできる、先行詞を含んだ関係代名詞です。 そのため what が答えになるときは、先行詞がなく、後ろが主語や目的語の抜けた不完全文になることに注意しましょう。

この英文を the thing を使って書き換えると、Providing top quality service at affordable prices is the thing which matters the most to 〜となります。

スラッシュリーディング

Providing top quality service / at affordable prices /
最高品質のサービスを提供すること / 手頃な価格で /

is what matters the most / to the dedicated staff /
何より大切なことです / ひたむきなスタッフらにとって /

at William's Coffee.
ウィリアムズ・コーヒーで

第**47**問

次の選択肢の中から正しいものを選びなさい。

Employees are reminded that time sheets are due on the last Friday of the month or the last day of the month, (　) comes first. （パート5徹底攻略・第54問）

(A) whoever

(B) whenever

(C) whichever

(D) wherever

ヒント！

Employees are reminded / that time sheets are due / on the last Friday of the month / or the last day of the month, / (　) comes first.

単語の意味

employee [ìmplóːiː]················ 従業員
remind [rɪmáɪnd]······················ ～に思い出させる、気付かせる
due [d(j)úː]····························· 期限が来て、締め切りの

訳

従業員の皆さんは、タイムシートの提出期限が最終金曜日または毎月末日のいずれか先に来る方であることを覚えておいてください。

構文解析

> Employees are reminded that time sheets are due on the last Friday of the month or the last day of the month, whichever comes first.

Employees | are reminded
S　　　　　V（現在形・受動態）

O（that 節）
[that time sheets are due on the last Friday of the month
　　　S'　　　　V'　C'（形）　前＋名　　　　前＋名

or the last day of the month], [whichever comes first].
接　前＋名　　　前＋名　　　複合関係代名詞

　SVO 文型の文です。remind＋O（人）＋O（that 節）「O（人）に〜であることを思い起こさせる」が受動態になっています。また、複合関係代名詞を用いた表現 A or B, whichever comes first「A か B か、いずれか先に来る方」が使われています。

　ここでは、「複合関係代名詞 whichever」と「関係代名詞の非制限用法」について学びます。

FOCUS-86 ──「複合関係代名詞 whichever」

whichever comes first（いずれか先に来る方）で使われている whichever に着目します。

関係詞 who/which/what/where/when/how/ に -ever を添えたものを「複合関係詞」と呼びます。「複合関係詞」はさらに、「複合関係代名詞」「複合関係副詞」に分かれます。

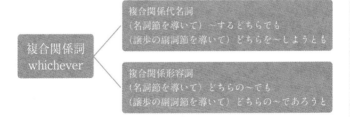

which に -ever のついた whichever は「複合関係代名詞」、もしくはうしろに名詞をともなって「複合関係形容詞」として使われ、次の意味があります。

複合関係詞 whichever	複合関係代名詞 （名詞節を導いて）〜するどちらでも （譲歩の副詞節を導いて）どちらを〜しようとも
	複合関係形容詞 （名詞節を導いて）どちらの〜でも （譲歩の副詞節を導いて）どちらの〜であろうと

本問では whichever は名詞節を導く「複合関係代名詞」として使われています。複合関係代名詞は先行詞を内に含んでいるので、whichever の直前に先行詞はありません。

問題文の the last Friday of the month or the last day of the month, whichever comes first（最終金曜日または毎月末日のいずれか先に来る方）は、A or B, whichever comes first

「AかBか、いずれか先に来る方」というように、等位接続詞 or を挟んで A と B の要素が並んでいます。問題文では A にあたるのが the last Friday of the month（月の最終金曜日）で、B にあたるのが the last day of the month（月末日）です。

FOCUS-87 ── 関係代名詞の非制限用法

問題文の the last Friday of the month or the last day of the month, **whichever** comes first（最終金曜日または毎月末日のいずれか先に来る方）でもうひとつ注意すべきは、whichever の直前にコンマ（,）があることです。

関係代名詞には「制限用法」と「非制限用法」があります。コンマ（,）があるほうが「非制限用法」と呼ばれるものです。

「制限用法」の制限とは、いったい何を制限するのか、不思議に思った方もいるでしょう。これは「先行詞」に制限を加える用法です。次の文を見比べてみてください。

《比較》
・**制限用法：先行詞に制限を加える。**
  Emily has a daughter **who** is a lawyer.
  （エミリーには弁護士をしている娘さんがいる）
          ＊弁護士をしている娘以外にも、娘がいる可能性がある。
・**非制限用法：先行詞の内容に補足する用法。**
  Emily has a daughter, **who** is a lawyer.
  （エミリーには娘さんが一人いて、その人は弁護士だ）
          ＊エミリーの娘は一人だけで、その娘が弁護士をしている。

　以上の基礎を踏まえた上で、問題文を見直します。

the last Friday of the month or the last day of the month,
whichever comes first
（最終金曜日または毎月末日のいずれか先に来る方）

　複合関係代名詞は先行詞を内に含んでいるので、直前に先行詞はないことを FOCUS-86 でお伝えしました。では、この複合関係代名詞 whichever は何を受けて使われているのでしょうか。which や whichever はコンマの前の節全体、もしくは一部を受けることもあるのです。本問では the last Friday of the month or the last day of the month 部分を受けています。これはコンマ前の一部を受けているケースです。対して、次の例は、which が前の節全体を受けるケースです。

---

115. The brochures will be completely dry only a few seconds after printing, **which** means that they can be handed out right away.
（パンフレットは印刷後ほんの数秒で完全に乾き、すぐに配布することが可能です）　　　　＊ which はコンマの前の内容全体を受けている。
＊『炎の千本ノック！』（2018 年刊行）より。

複合関係詞の問題です。

選択肢は全て複合関係詞です。複合関係詞には複合関係代名詞と複合関係副詞があります。

(B)whenever「いつ〜しようとも」と(D)wherever「どこで〜しようとも」は複合関係副詞です。これらは副詞の働きをするので、( ) comes first のように主語が抜けた空欄部分に入れて使うことはできません。**副詞は主語として使えません。**

(A)whoever「〜する誰でも」と(C)whichever「〜するどちらでも」は複合関係代名詞です。**(代)名詞は主語になることができる**ので、文法的にはこれらは正解の候補になります。この２つの複合関係代名詞のうち、意味が通るものを選びます。

Employees are reminded that time sheets are due on the last Friday of the month or the last day of the month 部分の意味は「従業員の皆さんは、タイムシートの提出期限が最終金曜日または毎月末日のいずれかであることを覚えておいてください」となるので、whichever comes first にして、「**最初に来るどちら（の日）でも**」にすれば、文意が通ります。

つまり、(C)の whichever が正解です。

whichever comes first という表現はビジネスでも時々使います。

スラッシュリーディング

Employees are reminded /
従業員の皆さんは覚えておいてください /

that time sheets are due /
タイムシートは締め切りです /

on the last Friday of the month / or the last day of the month, /
最終金曜日に / もしくは毎月末日に /

whichever comes first.
最初に来るどちら（の日）でも

第**48**問

次の選択肢の中から正しいものを選びなさい。

The board of directors is (　) waiting for final confirmation that Jessica Mathers will accept the CEO position.

(パート5徹底攻略・第102問)

(A)　ever

(B)　somewhat

(C)　still

(D)　rather

ヒント！

The board of directors / is (　) waiting for final confirmation / that Jessica Mathers will accept the CEO position.

単 語 の 意 味

the board of directors………取締役会、理事会
confirmation [kà:nfərméiʃən]…確認

訳

取締役会は、ジェシカ・マザーズ氏が CEO のポストを受け入れるという最終確認を今もなお待っているところです。

構文解析

> The board of directors is still waiting for final
> confirmation that Jessica Mathers will accept the
> CEO position.

The board of directors │is│ still │waiting│ (for final confirmation)
　　　　S　　　　　　　　V（現在進行形）　　　　前＋名

↓同格の that
[that │Jessica Mathers│ will accept │the CEO position│].
接（同格）　　S'　　　　　V'　　　　　O'

　SV 文型の文です。V には現在進行形がきており、副詞 still が修飾しています。名詞 confirmation に続く that 節の中は、SVO 文型になっています。

　ここでは、「同格の that 節」について学んでいきます。

FOCUS-88 ────[　　同格の that 節　　]

　名詞 confirmation の直後に続く that に着目しましょう。これは「同格の that」と呼ばれるものです。「名詞＋that 節」の形で、前の名詞をうしろに続く that 節が補足説明するという関係性になっています。

　同格の that は「～という」と訳します。したがって、final confirmation that Jessica Mathers will accept the CEO position は「ジェシカ・マザーズ氏が CEO のポストを受け入れるという最終確認」の意味になります。

　関係代名詞の that と見分けがつかない、という方もいるかもしれません。「関係代名詞」と「同格」の that の違いは、that 節の中の文が完結しているかどうかです。

　final confirmation that Jessica Mathers will accept the CEO position のところの Jessica Mathers will accept the CEO position は「ジェシカ・マザーズ氏が CEO のポストを受け入れる」となり、SVO 文型の完結した文が成り立っています。このように、同格の that のうしろはきちんと成立した文が続くのがポイントです。

　対して、関係代名詞の that に続く部分は、そこだけを抜き取ると完結した文にはなりません。つまり、S（主語）や O（目的語）に相当する部分が抜けた不完全な文が続くのです。

《関係代名詞の that》

This is the photo **that** made her famous.
　　　　先行詞　　関代　 V'　 O'　 C'

（これが彼女を有名にした写真です）

→ that 以下に S（主語）が抜けている。関係代名詞が「主格」として機能している。

I was impressed with <u>the photo</u> **that** she took.

         先行詞 関代 S' V'

（私は彼女が撮った写真に感動した）

→ that 以下に O（目的語）が抜けている。関係代名詞が「目的格」として機能している。

《比較》

関係代名詞 that

the news **that** was reported yesterday

先行詞 関代 (S')   V'   副

（昨日報じられたニュース）

→ that が導く関係詞節が形容詞的にうしろから先行詞を修飾している。that 以下は不完全な文になっている。

同格の that

the news **that** the company is closing its offices

名   接（同格） S'   V'   O'

（その企業がオフィスを閉鎖する<u>という</u>ニュース）

→ that が導く節（名詞節）が直前の名詞を補足説明している。that 以下は SVO 文型の文が成り立っている。

that はシンプルながら多彩な使われ方をする単語です。

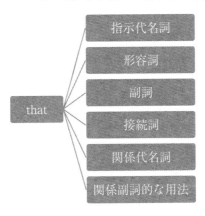

＊それぞれの用法の例文は FOCUS-23（97 ページ）をご覧ください。

ぜひ、同格の接続詞としての that の用法もおさえておきましょう。

適切な意味の副詞を選ぶ問題です。

選択肢はどれも、誰もが意味を知っているだろう比較的簡単な副詞が並んでいます。英文の意味を考えて、文意に合う副詞を選ばなければなりません。

「取締役会は、ジェシカ・マザーズ氏が CEO のポストを受け入れるという最終確認を〜待っているところだ」という英文で、「〜」部分に入れて文意が通る副詞は何かを考えます。

(C)の still「**今もなお、まだ**」であれば、文意が通ります。
副詞の still を選ばせる問題は時々出ます。

(A)ever「これまで、かつて」、(B)somewhat「いくらか、多少」、(D)rather「むしろ、いくぶん」では、文意が通りません。

The board of directors /
取締役会は /

is still waiting for final confirmation /
最終確認を今もなお待っているところです /

that Jessica Mathers will accept the CEO position.
ジェシカ・マザーズ氏が CEO のポストを受け入れるという

第**49**問

次の選択肢の中から正しいものを選びなさい。

( ) a state-of-the-art recording facility and renowned sound engineers, Shire Studios is fully booked until May of next year. (パート5徹底攻略・第53問)

(A) Feature

(B) Featuring

(C) Featured

(D) Features

ヒント！

( ) a state-of-the-art recording facility and renowned sound engineers, / Shire Studios is fully booked / until May of next year.

単語の意味

state-of-the-art	…………………………	最先端の、最新式の
facility [fəsíləti]	…………………………	設備、施設
renowned [rináund]	…………………………	有名な、名高い
fully [fúli]	…………………………	完全に、十分に
book [búk]	…………………………	〜を予約する

答え （B）Featuring

難易度… ★★★★☆

訳

最先端のレコーディング設備と有名な音響技術者を特色とする
シャイア・スタジオは、来年の5月まで予約で埋まっています。

構文解析

> Featuring a state-of-the-art recording facility and
> renowned sound engineers, Shire Studios is fully
> booked until May of next year.

分詞構文←副詞句として主節を修飾
Featuring a state-of-the-art recording facility
　　　　　　　複合形容詞＋名

and renowned sound engineers,
等位接続詞 and 　　　　　名

主節　　　　　　　　副詞
Shire Studios is (fully) booked (until May of next year).
S　　　　V（現在形・受動態）　前＋名　　前＋名

　SV 文型の文です。他動詞 book には「〜を予約する」とい
う意味がありますが、問題文は O 部分が前に出て主語にな
っている受動態の文です。また、Featuring a state-of-the-art
recording facility and renowned sound engineers の部分は分
詞構文となっており、主節(Shire Studios is fully booked 以
下）を修飾しています。

　ここでは、「分詞構文」について学びます。

FOCUS-89 ———[　　　　分 詞 構 文　　　　]

Featuring a state-of-the-art recording facility and renowned sound engineers（最先端のレコーディング設備と有名な音響技術者を特色として）の部分に着目します。この部分は現在分詞が文頭にきている、「分詞構文」と呼ばれるものです。

「節」は、SV を含む 2 語以上のかたまりのことですが、通常、「節」と「節」を結びつけるのは、接続詞です。ですが、接続詞を使わずに、動詞の形を変えることで「節」と「節」を結びつける用法があります。これが「分詞構文」です。

《比較》
接続詞が「節」と「節」を結びつける

　接続詞＋従属節,　主節　　もしくは　主節＋接続詞＋従属節

↓
接続詞を使わずに、「節」と「節」を結びつける（＝分詞構文）

　句,　主節　　もしくは　主節＋句

↑「句」の部分は現在分詞もしくは過去分詞で始まる
　この句は「副詞句」として主節を修飾する

分詞構文では、従属節の動詞を分詞（現在分詞・過去分詞）に変えて、「副詞句」として主節を修飾します。

《接続詞＋従属節,　主節》からなる文

↓接続詞 while が導く従属節　　　　↓主節
While I was waiting for my bus, I called Amy.
（バスを待ちながら、私はエイミーに電話をした）

↓
《句,　主節》からなる文

↓現在分詞 waiting から始まる副詞句　　主節
Waiting for my bus, I called Amy.

「従属節」部分がどのように「副詞句」になったのか見てみましょう。

While I was waiting for my bus, I called Amy.

　上にあげた元の文を見ると、主節と従属節の「主語」と「動詞の時制」も同じです。こうした場合、接続詞 while と共通する主語（ここでは I）をはぶき、動詞を分詞にします。

While I was waiting for my bus, I called Amy.
↓　共通の主語である I を省き、動詞を分詞に
~~Being~~ waiting for my bus, I called Amy.
↓　進行形で用いられている be 動詞は省略するため、waiting が残る
Waiting for my bus, I called Amy.

　Waiting for my bus, I called Amy. という文では、分詞構文が示す意味は「〜しているとき」という「時」です。
　一方、問題文の Featuring a state-of-the-art recording facility and renowned sound engineers 部分は、「理由：〜なので」の意味合いです。「理由」を表す分詞構文は、通例文頭におかれます。
　問題文をもし接続詞を用いて書き換えるならば、次のようになります。

Because [Since, As] Shire Studios features a state-of-the-art recording facility and renowned sound engineers, it is fully booked until May of next year.
　　　　　＊接続詞 because [since, as] は「〜なので」と「理由」を表す。

　分詞構文には「時」や「理由」以外に、「付帯状況（主節の動作と副詞句の動作が同時に起こる）」、「動作の連続（ある動作［出来事］に続いて、もうひとつの動作［出来事］が起こる）」などの用法があります。

　ただし、これらに該当しない用法もあります。例えば、前作『炎の千本ノック！　文法徹底攻略』（2021年刊）の第48問は、「結果：〜して、その結果…(となる)」のニュアンスで使われており、かつ主節の内容全体が分詞の意味上の主語になっている特殊な例です。

---

48. Louise Kirk was appointed vice-president of marketing, **making** her the youngest person to hold such a position in the company's history.
（ルイーズ・カークさんはマーケティング部長に任命され、会社史上最も若くしてその役職に就いたことになりました）

　上の例では、Louise Kirk was appointed vice-president of marketing（ルイーズ・カークさんはマーケティング部長に任命されました）という内容全体が、現在分詞 making の意味上の主語になっているという関係性です。もし、接続詞を使って書き換えると、次のようになります。

Louise Kirk was appointed vice-president of marketing **and that made** her the youngest person to hold such a position in the company's history.

　　　　＊ここでの that「そのこと」は、and の前の「節全体」を指す。

　分詞構文では「分詞の意味上の主語」と「主節の主語」が同一であるというのが基本ですが、このような例外もあることをおさえておきましょう。

分詞構文の問題です。

文頭に空欄があり、選択肢は全て feature の派生語で、コンマ以降に節(S+V)が続いているので、分詞構文が使われているのではと推測します。

この英文の主語は、Shire Studios です。**分詞構文では、文頭に置かれる分詞は、主節の主語を補うものです。**

空欄に現在分詞が入るのか過去分詞が入るのかは、Shire Studios が「する」のか「される」のかを考えます。

現在分詞は「〜している、〜する」という能動的な意味になり、過去分詞は「〜された、〜される」という受動的な意味になる場合が多いです。

Shire Studios と、空欄に入る分詞の元の動詞 feature「〜を特色とする」との意味的な関係を考えればいいでしょう。主節の主語である Shire Studios「シャイア・スタジオ」は、「〜を特色とする」と考えれば文意が通ります。したがって、正解は**現在分詞である(B)の Featuring** だとわかります。

Featuring a state-of-the-art recording facility and renowned sound engineers, /
最先端のレコーディング設備と有名な音響技術者を特色として /

Shire Studios is fully booked /
シャイア・スタジオは予約で埋まっています /

until May of next year.
来年の 5 月まで

第50問

次の選択肢の中から正しいものを選びなさい。

Based on the updates to company policies, (　　) is required from a senior manager before booking any overseas business travel. （パート5徹底攻略・第126問）

(A)　preview

(B)　access

(C)　minimization

(D)　authorization

ヒント！

Based on the updates / to company policies, / (　　) is required / from a senior manager / before booking any overseas business travel.

単 語 の 意 味

based on 〜··················	〜に基づき
update [ʌ́pdèɪt]·····················	更新
company policy···················	会社方針
require [rɪkwáɪər]·····················	〜を求める、要求する
senior manager···················	上級管理者
overseas business travel···	海外出張

訳

会社方針の更新に基づき、海外出張の場合は予約前に上級管理者の許可が必要となります。

構文解析

> Based on the updates to company policies,
> authorization is required from a senior manager
> before booking any overseas business travel.

based on ～（～に基づき）
Based on the updates to company policies,
過去分詞　　　前＋名　　　　　　　前＋名

authorization is required (from a senior manager
　　S　　　　　V（現在形・受動態）　　前＋名

before booking any overseas business travel).
　　　　前＋名詞句（＝動名詞＋名詞）

　SV 文型の文です。V に受動態がきています。

　ここでは、文頭の based on ～「～に基づき」のような「分詞を使った慣用表現」を学びます。

FOCUS-90 ──┤ 分 詞 を 使 っ た 慣 用 表 現 ├

Based on the updates to company policies（会社方針の更新に基づき）のところで使われている based on ～（～に基づき）に着目します。この部分は、過去分詞を使った慣用的な表現になっています。

過去分詞を使った慣用表現としては、ほかに次のものがあります。

- ・given ～（[前置詞的に用いて] ～を考えると）
- ・given (that) ～（[接続詞的に用いて] ～と仮定すると）
- ・compared with[to] ～（～と比較して）
- ・provided (that) ～（もし～ならば）

現在分詞を使った慣用表現としては、次のものがあります。

- ・assuming (that) ～（～と仮定すると）
- ・judging from ～（～から判断すると）
- ・providing (that) ～（もし～ならば）
- ・speaking of ～（～と言えば）
- ・taking ～ into consideration（～を考慮に入れると）

また、《副詞＋speaking》の形で使われる慣用表現もあります。

- ・briefly speaking（簡潔に言って）
- ・frankly speaking（率直に言って）
- ・generally speaking（一般的に言って）
- ・honestly speaking（正直に言って）
- ・personally speaking（個人的に言えば）
- ・practically speaking（現実的に言えば）
- ・roughly speaking（大ざっぱに言って）

語彙問題です。

語彙問題は英文を読み、全体の意味を考えなければなりません。

「会社方針の更新に基づき、海外出張の場合は予約前に上級管理者の〜が必要となる」という英文で、「〜」部分に何を入れればいいのかを考えます。

(D)の authorization「許可、承認」であれば、文意が通ります。

authorization には「権限を与えること、権限付与」という意味もあります。

動詞の authorize「〜に権限を与える、許可を与える」も出題されています。

(A)preview「下見、試写」、(B)access「アクセス、接近」、(C)minimization「最小化」では、文意が通りません。

スラッシュリーディング

Based on the updates / to company policies, /
更新に基づき / 会社方針への /

authorization is required / from a senior manager /
許可が必要となります / 上級管理者からの /

before booking any overseas business travel.
いかなる海外出張でも予約する前に

第51問

次の選択肢の中から正しいものを選びなさい。

Ms. Ingles is expected to make an announcement as to (　) the annual board of directors meeting will be held.

(パート5徹底攻略・第29問)

(A) when

(B) which

(C) whom

(D) what

ヒント！

Ms. Ingles is expected / to make an announcement / as to (　) the annual board of directors meeting will be held.

単語の意味

be expected to ～…………………～すると期待されている、する予定だ
as to ～………………………………～に関して
the board of directors………取締役会

訳

イングレスさんは年次の取締役会がいつ開かれるかに関して発表する予定です。

構文解析

> Ms. Ingles is expected to make an announcement as to when the annual board of directors meeting will be held.

↓ expect O to *do*「O が〜することを期待する」が受動態になっている

Ms. Ingles | is expected to make an announcement
S　　　　　V（現在形・受動態）　不定詞

群前置詞 as to 〜「〜に関して」
as to [when the annual board of directors meeting will be held].
疑問詞　　　　　　　　　　　　S'　　　　　　　　　V'

　expect O to *do*「O が〜することを期待する」が受動態になっている文です。群前置詞 as to 〜「〜に関して」のうしろには《疑問詞＋S'＋V'》の形で間接疑問文が組み込まれています。

　ここでは、「（群）前置詞＋疑問詞」ならびに「他動詞 make ＋名詞」について学びます。

FOCUS-91 ──[（群）前置詞＋疑問詞]

as to when the annual board of directors meeting will be held（年次の取締役会がいつ開かれるかに関して）で使われている、《（群）前置詞＋疑問詞＋S'＋V'》の箇所に着目します。

前置詞には、1語の前置詞（at や in など）以外に、「群前置詞」と呼ばれるものがあります。as to ～「～に関して」のように2語以上からなるもので、1語の前置詞と同等の働きをします。したがって、前置詞と同じように、うしろには名詞ならびに名詞相当語句（＝名詞句、名詞節）を続けることができます。

本問では、群前置詞 as to に《疑問詞 when＋S'＋V'》という名詞節が続いています。疑問詞 when「いつ」が出ていることから、なぜ、when will the annual board of directors meeting be held の語順になっていないのか、疑問に思った方もいるかもしれません。本問では疑問文が文中に組み込まれているため、《疑問詞 when＋S'＋V'》という語順になっているのです。これを間接疑問文といいます。問題文を平易にアレンジしたもので比較してみましょう。the annual board of directors meeting 部分をシンプルに the meeting とします。

《比較》

直接疑問文

When will the meeting be held?
（いつミーティングは開かれるのでしょうか）

間接疑問文

We don't know **when** the meeting will be held.
（私たちはいつミーティングが開かれるのか、知りません）

↑ We don't know ～（私たちは～を知らない）という文に疑問文が組み込まれている。

We don't know **when** the meeting will be held. の文では、間接疑問の部分（＝ **when** the meeting will be held）は他動詞 know の目的語になっています。間接疑問は動詞の目的語だけでなく、（群）前置詞の目的語にもなります。それが本問のケースです。

↓ when 以下全体が as to の目的語

as to | **when** the annual board of directors meeting will be held |

疑問詞　　　　　　　　　　　S'　　　　　　　　　　　V'

　本書の 55 問には含まれていませんが、『炎の千本ノック！パート 5 徹底攻略』には、《前置詞＋疑問詞》の間接疑問が組み込まれた問題文が登場します。

前置詞 of ＋疑問詞 how

79. The consulting team concluded that no action should be taken without careful consideration **of how** decisions would affect shareholders.

（決定事項が株主にどのような影響を与えるのかを熟慮せずに行動を起こすべきでないとコンサルティングチームは結論づけました）

前置詞 by ＋疑問詞 how much

84. The tariff charged on an imported product is determined **by how much** the item is expected to sell for in the retail market.

（輸入品に課せられる関税は、その商品が小売市場でいくらで売れるかによって決まります）

FOCUS-92 ──[他動詞 make ＋名詞]

　Ms. Ingles is expected to **make an announcement**（イングレスさんは発表する予定です）の箇所で使われている make an announcement（発表する）という表現に着目します。

make の基本的な意味は「～を作る」ですが、《make＋名詞》の組み合わせで「（動作など）をする」という意味をもちます。例えば make an announcement は、「動詞 make＋名詞 announcement（発表）」の組み合わせです。動詞 announce（～を発表する）という一語でも同じ意味を表せますが、TOEIC の問題文では、この《make＋名詞》の組み合わせが使われているケースが見受けられるため、ぜひ重要表現を覚えておきましょう。

《make＋名詞》の重要表現
・make a complaint（苦情を言う）
・make a contribution（貢献する）
・make a decision（決心する）
・make a profit（利益を出す）
・make a reservation（予約する）
・make an agreement（契約を結ぶ）
・make an appointment（予約する）
・make an improvement（改善する）
・make an investment（投資する）
・make progress（進歩する）

疑問詞の問題です。

選択肢には疑問詞が並んでいるので、適切な疑問詞を選ぶ問題だとわかります。

この英文は間接疑問文です。間接疑問文とは文中に疑問文が埋め込まれた文のことで、〈疑問詞＋主語＋動詞〉の語順になります。

間接疑問は文に埋め込まれることにより名詞節を作り、文の主語、動詞の目的語、前置詞の目的語などとして使われます。

この英文では前置詞の働きをする as to ～「～に関して」の目的語になっています。

as to より前で「イングレスさんは発表する予定だ」と言っていて、as to ～「～に関して」に続く空欄以降で「年次の取締役会が～開かれるか」と言っているので、(A)の疑問詞 when「いつ」を入れれば「いつ開かれるかに関して発表する予定だ」となり、文意が通ります。したがって、(A)の when が正解です。

(A)の when には疑問詞の他に関係副詞の用法もありますが、関係副詞として使われているのであれば空欄前に日にちを表す名詞があるはずです。(B)の which や(C)の whom には関係代名詞としての用法もありますが、関係代名詞として使われるのであれば、空欄前に先行詞である名詞があるはずです。また、(D)の what にも関係代名詞の用法もありますが、「～する物［事］」という意味になるので文意が通りません。

Ms. Ingles is expected / to make an announcement /
イングレスさんは期待されている / 発表すること

as to when the annual board of directors meeting will be held.
年次の取締役会がいつ開かれるかに関して

第52問

次の選択肢の中から正しいものを選びなさい。

A majority of employees responded surprisingly ( ) when asked how the company should handle the financial crisis.

（パート5徹底攻略・第132問）

(A) sympathize

(B) sympathetically

(C) sympathetic

(D) sympathy

ヒント！

A majority of employees / responded surprisingly (　) / when asked / how the company should handle the financial crisis.

単 語 の 意 味

a majority of ~ ··················· ~の大部分
respond [rɪspάːnd] ··················· 反応する、対応する、答える
surprisingly [sɚpráɪzɪŋli] ········· 驚くほどに
financial crisis ····················· 財政危機、金融危機

答え (B) sympathetically

訳

同社の財政難にどのように対処すべきか尋ねられたとき、社員の大多数は驚くほど共感的な反応を見せました。

構文解析

A majority of employees responded surprisingly sympathetically when asked how the company should handle the financial crisis.

主節

A majority of employees	responded
S	V（自動詞）

surprisingly sympathetically
　　副　　　　　　副

従属節↓ they were が省略されている

when asked how the company should handle

接 (S') V' 疑問詞 S" V"（助動詞＋動詞の原形）

the financial crisis.
　O"（名）

　SV 文型の文です。surprisingly sympathetically のところは前の副詞 surprisingly がうしろの副詞 sympathetically を修飾しています。接続詞 when が導く節で《主語＋be 動詞》が省略されていることで、文の構造がわかりにくくなっています。

　ここでは「副詞節中の《主語＋be 動詞》の省略」について学びます。

FOCUS-93 ──[副詞節中の《主語＋be 動詞》の省略]

　when asked（尋ねられたとき）に着目します。なぜ、接続詞 when の直後に動詞 asked が続いているのか、疑問に思った方もいると思います。接続詞のうしろには《S＋V》が続いて、「節」になるのが一般的ですから、疑問はもっともです。実は、when と asked の間には《主語＋be 動詞》が省略されているのです。

　「主節の主語」と接続詞のうしろの主語、すなわち「副詞節の主語」が同一のとき、《副詞節の主語＋be 動詞》は省略可能です。「副詞節」というのは、副詞と同等の役割をする「節」（＝ SV を含む 2 語以上のかたまり）のことです。

　問題文では接続詞 when が導く節が副詞節になっていますが、《疑問詞 when＋S＋V》の場合は名詞節、《関係副詞 when＋S＋V》の場合は形容詞節になります。同じ when でも使われ方によって、どんな節になるかは異なります。名詞節・形容詞節のときは、この《主語＋be 動詞》の省略は適用されないので、注意しましょう。

　では、問題文を平易にアレンジした文で、文の構造を見ていきましょう。

主語が同一

主節　　　　　　　　　　　　　　副詞節
A majority of employees responded when (they were) asked 〜
　　　　　　　　　　　　　　　　↑（　）内が省略

　（they were）部分が省略されている箇所です。when 節は受動態の文であるため、be 動詞を省略すると過去分詞の asked が残ります。

　文構造を正確に理解するために、接続詞の直後に現在分詞・過去分詞が出てきたら、《主語＋be 動詞》が省略されていると見なして、意味をつかめるようになりましょう。

副詞の問題です。

選択肢に似た形の単語が並んでいるので、品詞問題かもしれないと考えます。品詞問題の場合、空欄前後が重要になります。

空欄の少し前に responded という動詞があります。**動詞を修飾するのは副詞**なので、副詞である(B)の sympathetically 「共感して、同情して」を選べば正しい英文になります。

簡単な問題ですが、力がない人を惑わせようと意図的に空欄直前に副詞の surprisingly を置いています。空欄に動詞を修飾する sympathetically という副詞が入り、その副詞を修飾する副詞である surprisingly が空欄前に置かれているのです。力がないと副詞が2つ続くはずがないと考えて、別の選択肢を選んでしまうのです。

副詞は動詞、形容詞、他の副詞、副詞句、節、文全体を修飾します。

A majority of employees /
社員の大多数は /

responded surprisingly sympathetically / when asked /
驚くほど共感的な反応を見せました / 尋ねられたとき /

how the company should handle the financial crisis.
会社が財政難にどのように対処すべきか

第**53**問

次の選択肢の中から正しいものを選びなさい。

Janet Goodwin will be away on business for the remainder of the month, (　) she can be reached by email if needed.

（パート5徹底攻略・第133問）

(A) even

(B) though

(C) whether

(D) since

ヒント！

Janet Goodwin will be away / on business / for the remainder of the month, / (　) she can be reached / by email / if needed.

単 語 の 意 味

away [əwéɪ]····················不在で、留守で
remainder [rɪméɪndər]···········残り、余り
reach [ríːtʃ]····················～に連絡する

答え （B）though

訳

必要があればメールで連絡がつきますが、ジャネット・グッドウィンさんは今月末まで出張で不在です。

構文解析

> Janet Goodwin will be away on business for the remainder of the month, though she can be reached by email if needed.

副詞 away は be away で「不在である」の意味

Janet Goodwin	will be	away	on business
S	V	C（副）	前＋名

for the remainder of the month,
　前＋名　　　　前＋名

though she can be reached by email if needed.
接　　S' V'（助動詞＋受動態）　前＋名
　　　　　　　　　　　　　　　　　　↑
　　　　　　　　　　　　it is が省略されている慣用表現

　SVC 文型の文です。副詞は通常、文の要素（S/V/O/C）にはなりません。しかし、副詞 away には、be away の形で「不在である」という意味があり、形容詞的な使われ方をします。そこで、ここでは C（補語）としてとらえています。

　ここでは if needed のような「《主語＋be 動詞》が省略されている慣用表現」について学びます。

FOCUS-94 ──[《主語+be動詞》が省略されている慣用表現]

if needed（必要があれば）の箇所に着目します。接続詞 if の直後に過去分詞 needed が続いています。この部分は第52問で取り上げた when の節と同様に《主語＋be 動詞》が省略されています。「条件」を表す if 節でも《主語＋be 動詞》の省略はあります。

if needed（必要があれば）は慣用的に用いられている表現です。ほかにも《主語＋be 動詞》が省略される定番表現があります。

・if possible（可能なら）← if it is possible
・if necessary（必要なら）← if it is necessary
・if any（もしあれば）← if there are any + 名詞

本書で取り上げた55問には含まれていませんが、『炎の千本ノック！　パート5徹底攻略』には、if 節中の《主語＋be 動詞》が省略されている英文がほかにも出てきています。

---

61. The acquisition of Duplex Digital will move ahead quickly **if approved** by a majority of the board of directors.
（デュプレックスデジタル社の買収は、取締役会の過半数の承認が得られれば迅速に進むでしょう）
＊ if it (=the acquisition of Duplex Digital) is approved が if approved になっている。

また、接続詞 unless（もし〜でなければ）にも、《主語＋be 動詞》が省略された形で使う、慣用的な表現があります。

・unless stated（記述がない限り）
・unless permitted（許可されない限り）
・unless otherwise notified（別途通知がない限り）
・unless otherwise indicated（別途指定がない限り）

接続詞の問題です。

　文頭からコンマまでも、空欄以降も、節 [S(主語) + V(動詞)] です。**節と節を結ぶのは接続詞です。**選択肢を見ると (A)の even 以外は、全て接続詞の用法があります。

　どれであれば文意が通るかを考えます。
　文頭からコンマまでで「ジャネット・グッドウィンさんは今月末まで出張で不在だ」と言っていて、空欄以降では「必要があればメールで連絡できる」と言っています。

　この2つの節をつないで意味が通るのは、**「譲歩」を表す接続詞である**(B)の though **「〜だけれども、〜にもかかわらず」** しかありません。

　同じ意味の接続詞 although は知っていても、though は知らないという人もいます。although と though の違いは、though は副詞として用いるときもあり、その際には文末に置いて使うことができるという点です。
　although、though の両方とも出題されます。

　(C)whether「〜かどうか」、(D)since「〜なので」では文意が通りません。

スラッシュリーディング

Janet Goodwin will be away / on business /
ジャネット・グッドウィンさんは不在となります / 出張で /

for the remainder of the month, / though she can be reached /
今月末まで / ただし彼女には連絡がつきますが /

by email / if needed.
メールで / 必要があれば

第54問

次の選択肢の中から正しいものを選びなさい。

The sales team did not achieve its quota, (　) did it qualify for the quarterly Top Performer's award.

（パート5徹底攻略・第27問）

(A) else

(B) either

(C) nor

(D) instead

ヒント！

The sales team / did not achieve its quota, / (　) did it qualify / for the quarterly Top Performer's award.

単 語 の 意 味

achieve [ətʃíːv]	～を達成する、実現する
quota [kwóutə]	ノルマ、割当額、割当量
qualify for ～	～にふさわしい、～に必要な資格を得る
quarterly [kwɔ́ːrtərli]	四半期ごとの、年4回の、3カ月ごとの
award [əwɔ́ːrd]	賞、賞金

訳

営業チームはノルマの達成もならず、四半期ごとのトップパフォーマー賞の対象にもなりませんでした。

構文解析

The sales team did not achieve its quota, nor did it qualify for the quarterly Top Performer's award.

The sales team | did not achieve | its quota ,
S   V（過去形の否定文） O（名）

↓倒置が起きている

nor did it qualify for the quarterly Top Performer's award.
接   助   S'   V'   前＋名
↑ it = the sales team

   SVO 文型の文です。接続詞 nor は否定文を受けて、「～もまた…ない」という意味になり、nor が導く節の中で倒置が起こります。

   ここでは「否定の接続詞 nor＋倒置」について学びます。

FOCUS-95 ──[否定の接続詞 nor ＋倒置]

　nor did it qualify の部分に着目します。文の語順に違和感を覚えた方もいるのではないでしょうか。このような語順になっている理由は、否定の接続詞 nor にあります。

　本問では、主節が did not achieve と過去形の否定文になっています。接続詞 nor はこの主節の否定文を受けて、「〜もまた…ない」という意味になります。nor が導く節の中では、《助動詞＋主語＋動詞》という語順になります。つまり、文の語順が通常と異なる「倒置」が生じます。

　nor did it qualify 部分は、次の構造になっています。

> 接続詞 nor ＋助動詞 did ＋主語 it ＋動詞の原形 qualify

　助動詞 did が使われているのは、主節の時制が過去形だからです。もし nor を用いず倒置が起こらなかった場合は、it did not qualify for 〜となります。

　なお、ほかにも知っておきたい用法として、「仮定法未来の if」を省略した倒置があります。前作『炎の千本ノック！　文法徹底攻略』（2021 年刊行）では、次の問題を取り上げました。

> 47. Should a customer feel that a purchase does not meet their expectations, it may be returned within 30 days for a full refund.
> （万が一ご購入の品がお客様のご期待に沿わない場合、30 日以内に返品いただければ全額返金いたします）
> ＊ If a customer should feel that 〜の if が省略されて、《助動詞 should ＋主語 a customer ＋動詞の原形 feel》の語順になっている。

接続詞の問題です。

注目点は2箇所あります。まず、The sales team did not achieve its quota が否定文であることです。

次に、空欄の後の語順に注目しましょう。did it qualify for the quarterly Top Performer's award と、疑問詞もないのに疑問文のような語順になっています。このような語順を「倒置」と言います。否定語が前に来ると、この語順になります。

選択肢の中には、否定語は(C)の nor「〜もまた…ない」しかありません。

コンマの後に続く節の文頭に nor が来たことにより、it did not qualify for the quarterly Top Performer's award の語順が倒置され、did it qualify for the quarterly Top Performer's award になったのです。

文頭に否定語が来るときは後ろが倒置され、〈do [does, did]（助動詞）＋主語＋動詞の原形〉の語順になると覚えておきましょう。正解は(C)の nor です。

The sales team / did not achieve its quota, /
営業チームは / ノルマを達成しませんでした /

nor did it qualify /
対象にもなりませんでした /

for the quarterly Top Performer's award.
四半期ごとのトップパフォーマー賞の

第55問

次の選択肢の中から正しいものを選びなさい。

SafePark Inc. is an innovative company that operates parking lots all over the city with (　) well below the market average. （パート5徹底攻略・第6問）

(A) price

(B) priced

(C) prices

(D) pricing

ヒント！

SafePark Inc. is an innovative company / that operates parking lots / all over the city / with (　) / well below the market average.

単語の意味

innovative [ínəvèitiv]·············· 革新的な、想像力に富む
operate [á:pərèit]···················· 〜を運営する、経営する
parking lot······························ 駐車場

訳

セーフパーク社は市場平均を大幅に下回る価格で市内全域に
駐車場を展開する画期的な企業です。

構文解析

> SafePark Inc. is an innovative company that operates
> parking lots all over the city with prices well below
> the market average.

　　　　　　　　　　　　　　　　先行詞
| SafePark Inc. | is | an innovative company |
| S | V | C（名）←先行詞をうしろから形容詞節が修飾 |

関係代名詞 that が導く形容詞節　　　　＊ all over「～のいたるところに」
| [that | operates | parking lots | all | over the city |
| S' | V' | O'（名） | 副 | 前＋名 |

| with | prices | well | below the market average]. |
| 前 | 名 | 副 | 前＋名 |

　SVC 文型の文です。C には名詞がきています。あとに続く
that 節は形容詞節としてうしろから名詞を修飾しています。

　ここでは、「with ＋名詞＋前置詞句」の用法を学びます。

FOCUS-96 ──[with ＋ 名 詞 ＋ 前 置 詞 句]

　with prices well below the market average（市場平均を大幅に下回る価格で）の部分に着目します。「前置詞＋名詞」というシンプルな組み合わせだとわかりやすいですが、この問題の前置詞 with は《with＋名詞＋前置詞句》の組み合わせになっています。さらに副詞が途中に組み込まれており、わかりにくかったのではないかと思います。

　前置詞 with には「付帯状況」を表す用法があり、《with＋A＋B》で「A が B している状態で」という意味になります。そして、B の場所には形容詞、副詞、分詞、前置詞句がきます。本問は B に前置詞句（＝前置詞＋名詞）がきているパターンです。with 以下の構造は次のようになっています。

---

with prices well below the market average
　前　　名詞　　副　　　　　前＋名
　　　　　　　　　　＊直訳すると「価格が市場平均を大幅に下回る状態で」

　《with＋A＋B》で B のところに形容詞、副詞、分詞がくるケースも見ておきましょう。

《比較》
・**with＋名詞＋形容詞**

　Thomas likes to drive **with** the windows open.
　（トーマスは窓を開けてドライブするのが好きだ）

・**with＋名詞＋副詞**

　The kids were swimming **with** their life jackets on.
　（その子供たちはライフジャケットを着用して泳いでいた）

・**with＋名詞＋分詞**

　The car was left **with** the doors unlocked.
　（その車はドアのカギがかかっていない状態で放置されていた）

名詞の問題です。

空欄直前の with は前置詞です。**前置詞の後ろに続くのは名詞か名詞句です**。選択肢はすべて一語なので、空欄には名詞が入ります。

選択肢の中で、名詞は (A) の price と (C) の prices です。
単数形の price が正解であれば直前に冠詞の a か the があるはずですが、ありません。したがって、(C) の prices が正解です。

時間がない中で急いで解くため、他の選択肢をチェックすることなく (A) の price を選んで間違える人がいます。**名詞の問題では選択肢に名詞が2つ以上あることも多いので、必ず他に名詞がないかどうかチェックしましょう。**

ちなみに空欄直後の well は below the market average〈前置詞＋名詞〉という副詞句を修飾する副詞です。

スラッシュリーディング

SafePark Inc. is an innovative company /
セーフパーク社は画期的な企業です /

that operates parking lots / all over the city /
駐車場を展開する / 市内全域に /

with prices / well below the market average.
価格で / 市場平均を大幅に下回る

文 法
INDEX

本書に出てくる文法用語の索引です。数字はページ数です。
学習のまとめ・復習にお使いください。

単 語
INDEX

「単語の意味」に出てくる重要単語・熟語類を
アルファベット順に並べました。数字はページ数です。
学習のまとめ・復習にお使いください。

★読者のみなさまにお願い

この本をお読みになって、どんな感想をお持ちでしょうか。祥伝社のホームページから書評をお送りいただけたら、ありがたく存じます。今後の企画の参考にさせていただきます。また、次ページの原稿用紙を切り取り、左記まで郵送していただいても結構です。

お寄せいただいた書評は、ご了解のうえ新聞・雑誌などを通じて紹介させていただくこともあります。採用の場合は、特製図書カードを差しあげます。

なお、ご記入いただいたお名前、ご住所、ご連絡先等は、書評紹介の事前了解、謝礼のお届け以外の目的で利用することはありません。また、それらの情報を6カ月を越えて保管することもありません。

〒101-8701（お手紙は郵便番号だけで届きます）

祥伝社　書籍編集部　編集長　栗原和子

電話03（3265）1084

祥伝社ブックレビュー　www.shodensha.co.jp/bookreview

★本書の購買動機（媒体名、あるいは○をつけてください）

＿＿＿新聞 の広告を見て	＿＿＿誌 の広告を見て	＿＿＿ の書評を見て	＿＿＿ の Web を見て	書店で 見かけて	知人の すすめで

★一〇〇字書評……1日1分! TOEIC L&Rテスト 炎の千本ノック! とことん文法徹底攻略

名前

住所

年齢

職業

1日1分！　TOEIC® L＆Rテスト
炎の千本ノック！ とことん文法徹底攻略

令和6年2月10日　初版第1刷発行

著　者	中村澄子
編集協力	岩崎清華
発行者	辻　浩明
発行所	祥伝社

〒101-8701
東京都千代田区神田神保町3-3
☎03（3265）2081（販売部）
☎03（3265）1084（編集部）
☎03（3265）3622（業務部）

印　刷	萩原印刷
製　本	ナショナル製本

ISBN978-4-396-61818-6　C2082　　Printed in Japan
祥伝社のホームページ・www.shodensha.co.jp

©2024, Sumiko Nakamura　Sayaka Iwasaki

造本には十分注意しておりますが、万一、落丁、乱丁などの不良品がありましたら、「業務部」あてにお送り下さい。送料小社負担にてお取り替えいたします。ただし、古書店で購入されたものについてはお取り替えできません。本書の無断複写は著作権法上での例外を除き禁じられています。また、代行業者など購入者以外の第三者による電子データ化及び電子書籍化は、たとえ個人や家庭内での利用でも著作権法違反です。

祥伝社のベストセラー

いい加減な英文法で満足していませんか？
スコアが伸び悩んでいる人は、
英文法がわかっていない。

ベストセラー『1日1分！ TOEIC® L&Rテスト 炎の千本ノック！』から50問を厳選。基礎から効率的に、そして試験に必要な文法のポイントを集中的に学べる1冊。

中村澄子
岩崎清華
山崎健生

1日1分！
TOEIC L&R テスト
炎の千本ノック！
文法
徹底攻略

スコアが
伸び悩んでいる人は、
英文法が
わかっていない。

全問題文がパソコン・スマホから無料で聴けます

定価1100円（10%税込）

1日1分！ TOEIC® L&Rテスト
炎の千本ノック！ 文法徹底攻略

中村澄子／岩崎清華／山崎健生

祥伝社のベストセラー

中村澄子

炎の千本ノック！

1日1分！ TOEIC® L&Rテスト

「時間がない。だけど点数は出したい」あなたのための問題集です。

中村澄子

炎の千本ノック！ 2

1日1分！ TOEIC® L&Rテスト

著者が毎回受験。だから最新の出題傾向と頻出単語がわかる。

中村澄子

炎の千本ノック！ パート5徹底攻略

1日1分！ TOEIC® L&Rテスト

高得点が欲しければ、まずパート5です！ TOEIC対策でなぜパート5が重要なのか？

中村澄子

炎の千本ノック！ 英単語徹底攻略

1日1分！ TOEIC® L&Rテスト

必要な単語はこれで、全部。TOEICに使える単語本、できました！

中村澄子

炎の千本ノック！ パート5語彙問題 700点レベル

1日1分！ TOEIC® L&Rテスト

パート5の5割は語彙・イディオム。この1冊で必要にして十分。カリスマ講師が厳選した300問。

中村澄子

炎の千本ノック！ パート5語彙問題 860点レベル

1日1分！ TOEIC® L&Rテスト

「千本ノック！」シリーズから良問を厳選。実際に出題された問題と傾向を反映した「神問」280題。

祥伝社黄金文庫